## 主编简介

**宋继革** 男，汉族，1969年7月生，河北邯郸人，河海大学科技哲学专业毕业，研究生学历，哲学硕士，副教授。邯郸学院学工部部长、招生就业办主任。研究专长：科技哲学、教育管理、思政教育。主持完成河北省科技厅、省教育厅、省社科基金课题多项。主编教材《大学生军事训练教程》《大学生就业与创业指导》《大学生职业生涯规划》等，发表各级论文10余篇。

**李建设** 男，汉族，河北深州人，硕士，教授。邯郸学院太极文化学院党总支副书记，太极拳研究推广中心主任；邯郸市优秀教师，邯郸市教育科学规划课题评审专家，河北省《太极拳》精品课程主持人，省级重点发展学科《武术与民族传统体育》主要负责人，邯郸学院太极拳总教练，中国武术段位考评员，中国武术六段。

1994年6月毕业于河北师范大学体育系。毕业后一直从事体育教育工作，主要承担武术、太极拳、跆拳道等项目的教学、训练任务和党团、学生管理工作。主持参与完成省市课题二十余项，发表学术论文近三十篇，培养的学生与队员有多人次在国内外从事武术、太极拳等传统文化的教学、训练与传播工作。

*河北省社会科学发展课题：非物质文化遗产保护传承研究（NO.2015030350）成果*

**邯郸学院学术著作出版资金资助出版**

高校校园文化建设成果文库

# 中国梦 太极行
## ——邯郸学院太极特色文化建设纪实

主　编◎宋继革　李建设
副主编◎韩燕红　牛秀荣
　　　　徐伟龙　吴　星

光明日报出版社

图书在版编目（CIP）数据

中国梦·太极行：邯郸学院太极特色文化建设纪实／宋继革，李建设主编．－－北京：光明日报出版社，2018.4
ISBN 978－7－5194－4166－1

Ⅰ.①中… Ⅱ.①宋…②李… Ⅲ.①高等学校—校园文化—建设—邯郸 Ⅳ.①G647

中国版本图书馆 CIP 数据核字（2018）第 081466 号

## 中国梦·太极行——邯郸学院太极特色文化建设纪实
ZHONGGUOMENG·TAIJIXING——HANDAN XUEYUAN TAIJI TESE WENHUA JIANSHE JISHI

| 主　　编：宋继革　李建设 | |
|---|---|
| 责任编辑：曹美娜　郭思齐 | 责任校对：赵鸣鸣 |
| 封面设计：中联学林 | 责任印制：曹　净 |

出版发行：光明日报出版社
地　　址：北京市西城区永安路 106 号，100050
电　　话：010－67078251（咨询），63131930（邮购）
传　　真：010－67078227，67078255
网　　址：http://book.gmw.cn
E - mail：caomeina@gmw.cn
法律顾问：北京德恒律师事务所龚柳方律师
印　　刷：三河市华东印刷有限公司
装　　订：三河市华东印刷有限公司
本书如有破损、缺页、装订错误，请与本社联系调换

| 开　　本：170mm×240mm | |
|---|---|
| 字　　数：208 千字 | 印　张：14.5 |
| 版　　次：2018 年 6 月第 1 版 | 印　次：2018 年 6 月第 1 次印刷 |
| 书　　号：ISBN 978－7－5194－4166－1 | |
| 定　　价：68.00 元 | |

版权所有　　翻印必究

## 编委会成员

主　编：宋继革　李建设
副主编：韩燕红　牛秀荣　徐伟龙　吴　星
编　委：白俊亚　周薇娜　李建民　邓　洁
　　　　胡云飞　霍晨煜　韩新海　吕　蒙
　　　　李云云

# 目　录
## CONTENTS

第一篇　总　论 ·················································································· 1

第二篇　校史之源 ············································································· 3

第三篇　言论之声 ············································································ 10
 第一章　历任校领导的指导 ···························································· 11
 第二章　校外相关领导的指导 ························································ 25
 第三章　相关重要会议 ·································································· 27
 第四章　主要相关文件 ·································································· 32

第四篇　名家之风 ············································································ 91
 第一章　太极拳专业历任领导 ························································ 91
 第二章　太极拳专业专任教师 ························································ 93
 第三章　客座教授 ········································································ 100

第五篇　园林之美 ············································································ 109

1

## 第六篇　社团之林 ······ 113
### 第一章　学校太极社团概述 ······ 113
### 第二章　校园主要太极文化社团及其活动情况 ······ 114

## 第七篇　活动之音 ······ 120
### 第一章　竞赛活动 ······ 120
### 第二章　太极展演 ······ 142
### 第三章　学术交流 ······ 149
### 第四章　基地建设 ······ 186
### 第五章　员工风采 ······ 196

## 第八篇　志愿之星 ······ 204
### 第一章　太极文化实践小分队进行"三下乡"社会实践 ······ 204
### 第二章　校园太极文化走向社会 ······ 208

## 第九篇　创新之路 ······ 210

## 后　记 ······ 221

# 第一篇　总　论

邯郸学院作为古都邯郸的一所地方大学，要有地方特色，要以传承和弘扬邯郸十大文化为切入点，结合学校实际，着力推进太极拳文化、成语文化的学习和研究。首先要从组织学生习练太极拳和背诵邯郸的成语抓起，从课间打太极拳、课前背诵成语做起，经过不懈努力建立有效机制，使每一名学生在毕业时不但会打太极拳，而且会讲太极拳；不但会背，而且会讲、会用成语，逐渐形成邯郸学院的学生素质特色和人才培养特色，为邯郸学院的文化建设增光添彩。

2007年11月，时任邯郸学院副院长的郭振兴连续召开了学生处负责人会议和全校学生工作负责人会议，根据学院工作要求和大力加强学风建设的需要，郭振兴副院长对全校学生工作提出：第一，加强学风建设，狠抓课堂纪律和考试纪律。第二，开展特色活动，打造邯郸学院人才培养特色。从而掀开邯郸学院"加强学风建设、打造特色活动"的序幕。

目前，邯郸学院经过学校历任领导的努力淬炼与总结，形成了以"心文化"为核心、以"太极文化、成语文化"为两翼的三大校园文化体系。

太极文化在邯郸学院经历了二十余年的发展，在全校领导和师生的共同努力下，经历了从无到有，从有到精的从校园文化到学科专业的发展历程，无论从文化的传承与发展、服务地方文化建设、造福人类健康等方面，还是从全面培养和锻炼学生、扩大提高学校美誉度、促进学校长期稳定坚实发展等方面均取得了卓越成效。

《中国梦·太极行》共九部分，包括校史之源、言论之声、名家之风、园林之美、社团之林、活动之音、志愿之星、创新之路、校友之窗。分别从邯郸学院校园文化的基本元素、核心文化精神、邯郸学院太极文化的发展、相关领导对校园太极文化的支持与贡献、学校太极大师名家主要事迹和学术成就、学校太极文化人文景观、与太极文化相关的学生社团活动、学校毕业生在太极文化推广方面的成就与事迹以及对邯郸学院太极校园文化发展的展望。

# 第二篇　校史之源

## 一、邯郸学院概况

邯郸学院位于太行山下、支漳河畔的太极圣地、成语之乡、文化历史名城——河北省邯郸市。办学历史始于1905年成立的邯郸县初级师范学堂，1982年升格为邯郸师范专科学校，2001年与第一教育学院、第二教育学院、幼儿师范学校合并，2004年经教育部批准升格为本科院校，定名为邯郸学院。

学校现有教职工1006人，专职教师775人，其中教授、副教授占35.6%，博士、硕士69%。全日制在校生19060人（含分校），成人学历教育在籍学生3831人。建有15个二级学院，52个本科专业，27个专科专业，涉及9大学科门类。学校教学仪器设备总值1.45亿元，纸质图书111.93万册，数据库29个，电子图书200余万种，建有9个实验中心、225个校内实验实习实训场所和187个校外实习实训基地。目前校区占地699.56亩，建筑面积30.85万平方米，是河北省"十大设计创意建筑"之一，绿化覆盖率52.03%，绿地率45.01%，是全国绿化模范单位。2015年4月，邯郸市政府批准邯郸学院南扩，南扩后校区面积将达到1200亩，建筑面积将达到50万平方米，办学条件将得到进一步优化。

学校坚持"立足邯郸，服务社会，承文育师，融导产业"的办学理念，实施"创和谐环境，抓内涵建设，重协同创新，走特色之路"的基本战略，以"培育合格人才，提升服务能力，彰显办学特色，成为综合性、应用型、特色鲜明的地方强校"为发展目标,努力培养具有"毕业能就业、就业能上岗、上岗能上手、上手成骨干、骨干留得住"的职业能力。具备"爱国爱家爱他人、感恩包容会做人、就业立业干成事"的品德修养和发展潜力。具有良好道德品行、文化素养的优秀公民;具有成家立业、养家育后能力的幸福个体;具有成就自我、奉献社会能力的应用型人才。

先进的办学理念结出丰硕的办学成果:近年,我院成为河北省唯一的学校整体综合改革试点,拥有省内同类院校中唯一的特殊教育协同创新中心和 4 个省级人文社科基地、研发中心以及 5 个市级重点实验室,获得国家级特色专业、河北省重点发展学科、省级特色专业、省级实验示范中心、省级精品课和精品资源共享课等省级以上质量工程项目 26 个。《邯郸学院学报》连续三届荣获"全国高校优秀社科期刊奖",其中"赵文化研究专栏"以全国排名第四的成绩荣获教育部名栏。近五年(2012 年—2016 年),我院教师获河北省科技进步奖、河北省优秀教学成果奖、河北省优秀社科成果奖、河北省教研成果奖、全国美展优秀作品奖、音乐金钟奖等省级以上奖项 38 项,承担各级各类科研项目 678 项,发表各类期刊论文 1500 余篇,被 SCI、EI 等收录检索论文达到 256 篇。先后出版《赵文化与华夏文明》《荀子史话》《邯郸区域经济研究》等著作、教材 50 部,申请获得知识产权授权 181 件。艺术学院袁庆禄教授已经成为国内屈指可数的版画大师,近期他创作的大型套色木刻《史可法殉城》以最高得票率入选"中华史诗美术大展"并被中国国家博物馆永久收藏陈列。

学校在突出特色重点学科专业建设。教师教育类专业历史悠久,优势明显:我校是河北省最早开办特殊教育专业的高校,是全国拥有康复中心仅有的四所高校之一。历史学(师范)专业依托河北省重点发展学科,孵化了邯郸学院地方文化研究院,在太行山文书研究、赵文化研究、荀子研究等方面取得了丰硕的成果,在国际国内学术交流中得到广泛认可。体育教育(太极拳方向)专业依托省级重点发展学科,以全国首家太极文化学院为阵地,在俄罗斯、白俄罗斯、马来西亚、蒙古国创办了 4 所海外太极学院,促进了太极文化在高校传承和向世界推广,得到了教育部和国家汉办的肯定和支持。近年来学校着力向应用型大学转型，工科专业得到跨越式发展：计算机科学与技术专业成为国家级特色专业，生物技术专业建成"河北省冀南山区资源植物"省级应用技术研发中心，应用化学专业建成市级重点实验室"有机小分子实验示范中心"。以此为平台，走产学研结合、服务地方的道路，与省内外百余家企事业单位建立了合作研发关系，培养的应用型人才深受业界欢迎。

学校注重以文育人，人才培养质量不断提高。每年既有传统的"柿子文化节""科技活动月""社团活动月""大学生诗歌节""邯郸文化戏剧节""两岸青年古典诗词联吟大会"等多种形式的科技文化活动，也有类型多样的社团、体育俱乐部等学生组织，共同营造出朝气蓬勃、充实欢乐的学府氛围，促进了学生的全面发展。毕业生中人才辈出，支教模范——2006级思政专业的赵奋魁事迹被《人民日报》报道；援藏干部——2012级数理学院的张建飞成为同龄人的榜样；"时代楷模"——2014级传媒学院的康天昊受到习近平总书记接见；"声乐王子"——2012级艺术学院的袁田田被武警文工团录用；孤儿大学生——2012级化学化工与材料学院代春恒成了"专利达人"；"学霸宿舍"——2012级信息工程学院物流专业一个宿舍的7朵金花全部考上名校研究生。在2015年央视《中国成语大会》上，邯郸学院的4名选手以出色的表现获得"邯郸四霸""行走的成语词典"等美誉，成为各大媒体追捧的对象，展现了我院学生的综合素质和良好风貌。

面向"十三五"，邯郸学院将继续秉承"赤心奉业"的核心理念，以"心"文化为灵魂，"用心做人、用心做事、用心教学、用心读书、用心回报社会"，弘扬"殚心真知、热心事业、甘心奉献、善心待人"的邯郸学院精神，践行"潜心养德、倾心修能、用心践行"的校训，培育"爱心育人、专心学业、精心管理"的优良校风，全心全意立德树人，一心一意服务社会，更好地担负起"同心培养仰望星空、脚踏实地的人才"的办学使命，实现新一轮又好又快发展，向建设应用型强校稳步迈进。

## 二、邯郸学院太极文化发展发展轨迹

（一）初期建设阶段（1997年—2003年）

1997年之前，太极拳作为公共体育课目之一，在全校范围内进行选项教学。当时有近1/3的学生（300人左右）接受了太极拳学习和锻炼。

1998年—2000年，我院公共体育教学部将太极拳运动列为普及推广项目，要求新生第一学期全部接受简化24式太极拳学习与锻炼，使太极拳在我院得到了全面的普及推广，习练者一度达到两千余人，在校生基本上都能演练24式太极拳。

2001年—2003年，由于受到四校合并、校园搬迁等一些主客观条件的影响，太极拳的全面普及一度中断，但作为公共体育课选修项目一直沿袭了下来，而且练习总人数基本上没有减少。

（二）完善发展阶段（2004—2008年）

2004年—2005年，随着我院搬迁结束和升本工作的顺利完成，在院领导的大力关怀和支持下，在公共体育教学部全体教师的共同努力下，太极拳课程成为我院的特色教学科目之一，得到了长足发展。上至院领导，下至全体大学生，几乎人人会打简化太极拳，还有部分学生学习掌握了传统杨式、武式太极拳以及太极剑等器械项目。太极拳练习人数已近万人。

2006年，我院组建了第一只业余太极拳训练队，并于2006年10月首次外出参加太极拳表演及竞赛活动，取得了较好的成绩，获得了社会的认可。此后，太极拳队经过不断的努力和拼搏，先后参加了2006年11月河北省文艺会演、2007年4月全国亿万妇女大会、2007、2008年永年国际太极拳年会和2008年10月的中国邯郸第十一届国际太极拳运动大会，均取得了骄人的成绩。尤其在第十一届国际太极拳运动大会上，太极拳队八名队员不畏强敌，面临来自世界各地的2800多名高手，在参赛的七个项目中共夺得了一个第一名、两个第二名、两个第三名、一个第四名、一个第六名、一个二等奖和一个三等奖九个奖项的好成绩。

2007年太极拳被确定为学校特色教学课程，制定了太极拳的教学大纲、教学计划、教学内容、考核评估细则、培养目标；组建了具有社会知名度高、学历高、职称高、知识结构强、年龄结构合理、业务水平和教学能力强的教学团队；培养、提高了教师队伍的教学水平；为教学质量的稳定与提高，以及本课程的建设与发展提供了保障平台，使太极拳教学连续三年被评为校级精品课，太极拳教学及科研在我院也得到了长足、稳定的发展。

（三）成熟创新阶段（2009年—）

2009年，除了在太极拳教学、训练、比赛和群体活动等方面继续努力提高的同时，也注重了在太极拳理论方面的研究。师生走出校门，为社会太极拳活动提供了技术、理论指导，并且多次参与太极拳赛事活动的组织与裁判工作。

太极拳课程项目的设置也从原来的简化24式太极拳扩展到了简化24式太极拳、42式太极拳、32式太极剑、42式太极剑、传统杨氏太极拳等五个大项。同时，还积极发展推广武式太极拳，在原有杨、武式太极拳的基础上，使国家规定太极拳、传统杨式太极拳和传统武式太极拳在我院同时得到弘扬和发展，使邯郸学院真正成为邯郸十大文化之一、太极拳文化的弘扬、发展和推广中心。

2009年4月，我校以太极拳为主项，获批为"河北省非物质文化遗产传播基地"；12月，又成立了"太极拳研究推广中心"，2010年成立了全国首家"太极文化学院"，出版了第一部太极拳基础教程《杨式太极拳基础教程》，并发布了2010年太极拳研究推广中心课题指南。这将为太极拳课程由纯技术教学向技术、理论协调层面发展。

我校太极特色校园文化，在经历了二十余年的教学、课外活动及社会交流的基础上，积累了一定的经验，也得到了社会各界的支持与帮助，校园太极特色文化日趋完善和成熟，有广阔的发展前景。目前，邯郸学院已将校园太极特色文化发展到了国外孔子学院、孔子课堂，使校园太极文化实现了国际化传播。

**三、办学历程**

邯郸学院太极文化学院成立于2009年10月，是全国高校首家培养太极文化本科人才的专业学院。2011年体育教育（太极拳方向）面向河北省招收首批本科生；2014年面向全国招收本科生，同年开始面向河北省招收五年一贯制专科生。

我院目前开设有体育教育（太极拳方向）一个专业，设置有太极拳套路、太极拳技击、太极拳养生三个发展方向。现有在校生310人，在编专任教师14人，外聘专任教师5人，客座教授15人。专任教师中教授、副教授4人，博士1人，硕士7人。有武术与民族传统体育（太极拳）省级重点发展学科1个，《太极拳》省级精品课程1门，"太极拳研究推广中心"一个。学院拥有太极拳训练馆2个，运动生物力学实验室1个，传统文化修养室1个，是国家武术运动管理中心太极拳推手研究试点单位，武术段位制培训考评点单位。

太极拳是中华民族优秀的传统文化，因丰厚的哲理内涵、独到的技击理念和突出的强身健体功能而受到民众的喜爱。随着经济生活水平的提高和全民健身与体育产业化成为国策，太极文化产业成长壮大，太极文化专门人才日益受到市场的欢迎。太极文化学院以推进太极拳现代化转型和弘扬太极文化为己任，面向国内外太极文化市场培养具备系统的现代体育运动理论和太极拳运动理论、突出的太极拳技术、扎实的太极文化知识、良好的传统文化素养，具有较强的服务社会能力和科学求实、开拓进取精神的太极文化专门人才。立足太极文化事业和太极文化市场发展趋势，体育教育（太极拳）专业确立了专业化、职业化、精品化的培养方向，能练、能打、能教、能闯的人才培养标准，"教训结合，以训促教"的培养模式。

为更好支撑学科专业建设，联合上海体育学院、河南大学、中国国际广播电台、北京三多堂传媒科技有限公司等单位成立了太极文化协同创新中心，推动太极文化科学化传承；与北京、天津、江苏等地太极文化企业开展校企合作，建立实习实训基地及就业孵化基地；联合中国国际广播电台成立太极文化国际培训基地，在俄罗斯、白俄罗斯建成两所太极学院，与西班牙、马来西亚等 10 多个国家签署了合建国际太极学院的协议，开辟了太极文化国际传播的新渠道。

中华文化是民族的根和魂，中华文化走出去是我国坚定不移的国家战略；体育产业、健康产业正在成为新世纪的朝阳产业，太极文化事业和产业必然蓬勃发展。太极文化学院将以科学化的理念、国际化的视角、海纳百川的胸怀，携手各界力量为太极事业做出贡献。

# 第三篇　言论之声

邯郸学院太极文化经过了 20 余年的发展，在全校领导和师生的共同努力下，取得了丰硕成果，尤其自 2010 年以来，邯郸学院把太极文化上升到战略层次，以"科学化传承，国际化传播"为使命，按照"人类文明，中国文化，河北品牌，邯郸责任，学院特色"的定位，根据"借力高端合作，推进国际传播，加强专业建设，重视社会培训，开展基层普及"的思路，成立了太极文化建设领导小组和全国高校首家太极文化学院，制定了《邯郸学院关于全面加强太极拳文化建设的意见》，编创了杨式 28 式太极拳，公开出版了《杨式太极拳基础教程》，制作了太极拳示范动作光盘，在全国首家实现了专业招生，得到了国家汉办授权的 6 个项目，与中国国际广播电台签署了战略合作协议，参加了孔子学院总部在北京举办的第六届全球孔子学院大会，分别被省市教育、文化、体育、广电部门批准为 7 个太极拳基地，申报获批了河北省太极拳协会，太极拳和太极文化教学、科研、学科专业建设、社会培训、交流推广、国际传播等项工作全面发展。

为全面反映我校太极文化事业发展的成绩，本篇以言论之声为题，重点收集了包括制发的主要相关文件、主要会议、领导讲话、学术讲座及文章等资料，客观、翔实地反映邯郸学院举全院之力开展校园太极特色文化的情况。

# 第一章　历任校领导的指导

## 第一节　邯郸学院原党委书记王韩锁同志在邯郸学院太极文化有关工作会议上的讲话

一、在邯郸学院太极文化建设工作会议上的讲话（2011年4月13日）

今天下午我们以这么大的规模、这么高的规格召开太极文化建设工作会议，主要目的是进一步统一思想，明确目标，采取措施，把太极文化学院办好。刚才，海林同志宣读了《关于推进太极拳文化建设九大项目的批复》，振兴同志做了动员报告，金廷同志站在更高的层次讲了重要意见。这件事是一件新事、一件大事。所以，我们必须统一思想，明确目标。邯郸学院这几年走过的路子就是首先要有想法，把想法变成项目，把项目变成资金，把资金变成成果。学院一期工程完成以后，本来没有二期工程项目，但是我们有了建设二期工程系列项目的想法。包括体育场馆建设、软件职业技术学院成立、国际交流中心建设等，都是先有想法，后来实现的。一个人要是没有想法就不可能成就事业。成就事业往往从"想"开始，然后开始做，最后事成。太极这件事也是这种情况，是"想"出来的。能不能做成，取决于做与不做，取决于怎么做。

下面，讲四点意见：

（一）太极事业是学院的一个必然选择

从哲学上讲，必然性就是具备了各方面条件的一种发展趋势。邯郸学院太极文化学院的成立是有必然性的。一是它体现了中华文化的合理内核。易经讲阴阳平衡，《黄帝内经》、儒家讲和谐，和谐就是平衡，阴阳就是平衡，这是中华文化的合理内核。二是国际国内社会需求旺盛。人们在生活富裕之后，开始追求精神，追求一种平衡、一种境界、一种文化。太极作为一种健康的文化，能为人们所接受。邯郸学院太极事业的发展，在这个节点上出现是必然的。三是邯郸作为太极圣地特别是杨、武式太极圣地的独特资源，别人无法取代。四是邯郸学院办学特色的唯一选择。综合以上四个因素，中华文化、社会需求、独特的资源和办学特色就是我们选择的必然性。一个事物要想成功必须具有多种必然性，也就是大势所趋、势在必得、得则必成。这是我讲的第一个问题，首先要解决认识问题，要统一思想。国家、省、市三级七个太极拳基地挂牌以后，我们怎么做？不做，明年基地的牌子就会被收回去，一切归零。所以说，现在没有退路。既然要挂牌了，绝对不能退回去。

（二）邯郸学院太极文化学院担负着两项历史性任务

一是太极由民间到大学的科学化。目前世界上有上亿人练太极，但是还没有大学办太极。民间传承往往是一种初级的、零散的、浅显的、达不到科学程度的方式和活动。大学追求的是科学，能够把太极由民间办到大学，就是科学化。二是由国内到国外的国际化。目前，致力于太极传承"科学化、国际化"（简称"两化"）的，我们是第一家，是全国大学首家太极学院，我们占了这个先机。

（三）要努力突破几个难点

要实现"两化"，就必须突破四个难点。一是进入大学教学必须有国家承认的大学教材。二是要有一支能够适应"两化"需求的合格师资队伍。三是形成支撑"两化"的入口和出口，即生源和就业市场。将来，办短期培训可能是一项大任务。但是，全国举办太极短期培训的地方很多，仅仅搞短期培训，我们的生命力不会很长。必须有生源，而且必须有就业市场，不客气讲，这是一个很严肃的问题。谁来读这个专业，怎么教，怎么学，学完之后做什么，都要很清楚。四是适应并满足国内、国际的各项需求。总之，有很多事要做，核心是教材、教师、就业市场。

（四）要以创新精神实现办学特色的新突破

实现"两化"的任务和目标，前无古人，必须以全新的姿态来认识、研究和推进这项事业。什么是全新的姿态？一是全新的理念，二是全新的体制，三是办全新的事业。为什么要召开全院的工作会议部署这项工作？因为这是一件新事，一个人办不成，一个系也办不成。我们成立了三套组织，力保干成事。首先是太极文化建设工作领导小组，第二个是太极文化工委，规格低于邯郸学院、高于各个院系部，第三个是太极文化学院本身。必须建立全新的体制，即"围绕目标，缺什么补什么，需要什么给什么，怎么能成就怎么办"。这件事很大、很难、很新，但是我们认准了，组织好了，就可能成。想想十年来走过的路，没有一件事是现成的路。合并、迁建、升本……最近几年的发展，有很多事是大家预先想不到的。有这十年的经验，有从北京到省市各级领导的支持，有基本成形的思路、体制和举措，下一步，就靠我们实干。全新的理念，全新的体制，来办全新的事业，一定能够成功。办法总比困难多，不要光想困难，只想困难，一件事也办不成。只要我们用心做，什么事都可以成功。今天下午的会议就是要统一思想，举全校之力、聚全校之财把这件事办好。一步一步走，不要把困难想得过多，走一步就要走好一步，最终就能够成功。希望大家多动脑筋，集思广益，众志成城，成就一番太极事业。

二、在筹备中国汉语国际推广邯郸太极拳基地揭牌仪式调度会上的讲话

（一）充分认识本次活动的重要性

这项活动对于推进我院太极事业、扩大学院影响、推进地方名校建设进程具有重要意义。要高度重视，严密组织，高标准落实各项任务，把这项活动搞好。

（二）抓住抓好几个关键

一是必须获得国家汉办关于基地的批复。二是邀请中国国际广播电台王庚年台长莅临邯郸，省市领导陪同参加活动。三是做好各项文字材料和文件的准备工作。文字材料很多，包括领导讲话、汇报材料，需要提前设想、明确分工。四是会务组织工作。要提前确定邀请人员名单、会议时间、地点、各项议程以及会场、会务、安全稳定等等，包括文艺演出、宣

传片准备要到位。

（三）确保质量

要高质量、高水平完成这项任务。这几年我院广大干部整体工作水平不断提高。最近我一直强调素质问题、质量问题，这很重要。我们现在要实现太极科学化和国际化，科学化就是太极拳课程要进入国家承认的大学教材，国际化就是国内外的听众和观众都能够接受，这项任务很重大。我们还要举行太极峰会论坛，要邀请一些外宾甚至包括部长、省长，我们的说话、办事要体现出高素质。组织国际性和高层次的活动，需要很高的水平，每个工作人员都代表了邯郸学院的形象。因此，我们要以更高的水平、更高的质量来设想和完成这项活动。

总之，要高度重视，认真组织，明确重点，提高标准，保质保量完成这项任务。仪式举行前至少要调度三次，不断提高质量。

三、在邯郸学院党委和太极文化工委、太极文化学院行政班子成员集体谈话会上的讲话

以今天下午的三个会议为标志，邯郸学院太极事业建设正式拉开帷幕；以今天院党委和太极文化工委、太极文化学院行政班子成员集体谈话会为标志，太极文化工委和太极文化学院行政班子正式成立。今天，在家的学院领导班子八位成员一起参加了太极文化学院班子会议，这在全校历史上是第一次，体现了党委、行政对太极文化学院班子的高度重视，体现了对大家的厚望，也体现了对大家的关心和支持。太极文化学院是一套新的组织，既是一个松散型的组织，也是一个紧密型的组织。今天上午，党委正式研究批复了太极文化工委和太极文化学院行政的职责，所有人员要以文件为准则，很好地学习，很好地贯彻，很好地落实，玉铭同志和振兴同志要带领班子推进太极文化学院的发展，把太极事业搞好。

提几句话，与大家共勉。第一句话是"责任重大，使命光荣"。不展开讲了，我想你们应该领会了。第二句话是"目标一致，错位经营"。大家来自不同单位，站在不同角度，从事同一项事业，共同的目标是实现太

极科学化和国际化。所以大家要同心同力,团结一致,朝着一个目标去努力,做出自己不同的贡献。太极文化学院领导班子要特别注意这一点,因为大家是从不同单位来的,干着同一件事情,所以组织的团结、和谐和配合更加重要,和谐就是目标一致。错位经营就是错开位置,但是干一件事。第三句话是"挑战自己,再攀高峰"。这是一项全新的事业,不敢说后无来者,但一定是前无古人,没有现成的经验,更没有捷径可走,必须靠自己去创新,去摸索,去奋斗,去探索。要挑战自己原有的知识、体制、观念、水平和技能,为促使中国太极文化的科学化和国际化做出应有的贡献。

谢谢!

## 第二节 邯郸学院党委书记(原校长)杨金廷在邯郸学院太极文化建设工作会议上的讲话
——大力度实施太极文化建设战略(2011年4月13日)

各位领导,同志们:

太极文化建设已成为我院打造办学特色、创建地方名校、塑造社会形象、提升社会地位的重大战略举措,已成为学校举全院之力、加大力度实施、加块速度推进的一项重大战略。

下面,我讲五点意见。

第一,做大做强太极文化事业是我们的战略使命。作为高等院校,应该是培养优秀人才、搞好科学研究、促进社会进步、引领文化发展的战略高地、战略要地和战略基地,这也是高等教育的历史使命。在某种程度上,太极文化建设就是我院培养优秀人才的重要手段,是多出科研成果的重要平台,是推动社会进步的动力源泉,是引领地方文化发展的一面重要旗帜,是实施名校战略的战略高地。我们必须要占领这个高地,要占领这个高地,就要构建太极文化科学研究的高地,构建使太极文化走向世界的高地。我们也必须要占领这块阵地，要占领这块阵地，就要占领培养具有文化特色人才的战略阵地，占领向社会推广太极文化的阵地。我们也必须要占领这块要地，要占领这块要地，就要占领传承中华民族文化的战略要地，占领太极文化这一能够成为地方名校重要品牌的战略要地。所以，这是我们的战略性历史使命，归纳起来就是：要使太极文化走向世界，走近群众，使邯郸学院成为具有一定国际国内影响力的地方名校。

第二，做大做强太极文化事业，需要我们有明确的战略定位和战略目标。我院要把太极文化建设作为一项神圣使命来完成，需要有明确的战略定位与战略目标。战略定位是什么呢？就是王书记提出来的几句话："人类文明，中国文化，河北品牌，邯郸责任，学院特色。"这应该成为我们太极文化建设事业的基本定位，如果概括一点讲，就是要使太极文化由民间走进高校这一科学的殿堂，要使太极文化由中国大踏步走向世界这一人类的舞台，是太极文化成为中华民族文化的主要标志之一，成为我院办学特色的主要标志，也就是两个走进、两个标志。要按照这个基本定位把太极文化建设事业做好。具体的战略性目标是什么呢？郭振兴副院长刚才已经讲得很明确，我再从另一个角度提几点想法。一要成为为人类文明做贡献的重要战略基地；二要成为向世界传播中华文明的重要战略基地。三要成为宣传河北、宣传邯郸的战略基地；四要成为国家汉办对外汉语教学与文化国际推广的重要战略基地；五要成为打造邯郸学院办学特色的重要战略基地；六要成为塑造邯郸学院国际国内形象的重要战略基地。如果能够把邯郸学院太极文化事业建设成以上六大重要战略基地，邯郸学院成为具有一定国际国内影响的地方名校就应该是水到渠成。所以，我们责任重大，使命光荣，应该为此而不懈努力。

第三，做大做强太极文化事业需要以进攻性的姿态推进战略性项目建设。太极文化事业能不能够富有成效，关键是能否把设想变成项目，把项目变成成果，把成果变成特色，把特色变成核心竞争力与国内外的影响力。我们在与国家汉办达成共识的6个项目的基础上扩展成了9个项目，事实上正在推进的达到了11个项目。这9个项目已经在寒假期间进行了多次研讨，几上几下征求意见，初步完成了规划，正在按照规划有序推进。要进一步拓展，要实行项目责任人负责制，每个项目的负责人都要树立"干就干成，干就干好，誓争一流"的理念，把各项任务做到省级一流、国家一流。如果这9个项目中能有几个做成省级一流、国家一流，就会大大提升邯郸学院的社会地位与社会影响力，我院名校建设的进程将大大加快。所以，我们要以赤心奉业的理念把项目做好，用心创新思路，用心攻克难关，用心争创一流，用心做成精品。"用心"二字至关重要，要真正地去理解。每做一项工作，应该好好思考是不是"用心"了，不干则已，干就真正去干，用心去做。太极文化建设事业这样一个重大的战略性举措，需要全院上下用心去做。

第四，做大做强太极文化事业需要我们建设好几大战略平台。一是建设好七个基地的战略平台。我们争取到三个层次、三个类别的七个基地基本上问题不大。经过不懈努力，我们要力争获得国家级、省级、市级，体育、教育、文化三个系统九大基地，这是我们的一个重要战略平台，这个平台一定要建设好。只要能把基地建设好，我们的太极文化事业才能够做好。二是建设好太极文化学院人才培养的平台。太极文化学院担负着多方面的任务，主要是建设好人才培养的平台。三是建设好太极文化研究中心这一个科研的平台。四是建设好留学生到校、到邯郸学习、观光、考察的平台。昨天我们得到了省教育厅国际交流处授予的"对外汉语教学国际交流推广基地"的牌子，同时也谈到了夏令营的问题。河北省有几千名留学生，我们要先把这个平台建设好，然后争取一批一批的留学生能够到邯郸来进行文化考察、文化旅游，学习太极拳，领略太极文化，这是一个展示邯郸学院形象、宣传邯郸的战略性平台。五是建设好向社会推广太极拳的平台。年前市委副书记回建已经作出指示：将太极拳推广纳入邯郸新农村建设内容，在邯郸各县市区农村广泛开展"练太极树新风"活动，实现百万农民习练太极拳的新风尚。形成邯郸新农村建设的特点、亮点。我们要将这个平台要建设好，为邯郸市的文化事业发展尽到责任、做出贡献。六是建设好太极拳多层次培训、标准制定、资格认证的平台。今后社会上教授太极拳的人员必须有辅导员资格证，这个证件要争取由我们通过培训来颁发，这是基地建设的一项内容。要争取段位标准和其他套路标准制定等认证权力、认证资格。七是建设好太极拳网络平台。这个也很重要，网络的传播对一个单位、一项事业社会知名度的提升至关重要。网络建设平台是由王保民同志负责，希望要加快速度，加大力度，需要经费可以给经费，需要人员可以从学生当中抽调，要大手笔地把这个网络平台尽快建设起来。现在太极拳的网络平台不少，我们要力争成为全国网络资源最丰富、学术水平最高的平台。八是建设好太极文化产品开发经营的平台。太极文化产品不仅仅是开发，而且要经营；不仅有巨大的社会效益，而且也有巨大的经济效益。要使太极拳、太极文化与经济联姻。

第五，做大做强太极文化事业需要我们以战略性思维来谋划好这项大事业。要举全院之力来做大做强太极文化这项大事业，需要以新的思维方式、新的理念、新的观念来谋划。我们以战略性的思维构建了太极文化事业的体制和运行机制，成立了太极文化学院，成立了太极文化建设工作委员会，还成立了太极文化建设领导小组，把太极文化事业上升到学院的战略层面。我们也以战略性的思维制定了《太极文化建设的发展规划纲要（2011—2020年）》。这是同志们在寒假期间一块儿讨论起草的。在太极文化建设工作领导小组的指导下。在段玉铭副书记、郭振兴副院长的领导下，大家寒假正月初八就开始研究讨论，王书记给予了明确指示，我也参与了多次研讨。这个规划是创新性的，是以战略性思维来构建的。我们也以战略性的思维谋划了9大项目，每个项目的背后都有一批人制定了一个比较好的规划，正在有序推进。我们也以战略性的思维，谋划了今后如何加快发展的具体战略举措。我们还要进一步以战略性的思维在工作的过程中争第一、创一流。现在我们主抓的是国际传播、项目建设、社会推广。我们还要进一步解放思想、与时俱进、开阔视野，使太极文化建设不仅成为邯郸学院的办学特色、办学品牌，而且要成为与政府、国内兄弟院校、国家部委、国外孔子学院、国外院校、国内国外城市合作的主要战略渠道。省教育厅国际交流处的领导建议，我们有些基地可以和河北省政府或者邯郸市政府共同建设，这会让国家汉办更加重视。另一方面，通过太极文化使国外的城市和邯郸结为友好城市，我们和邯郸友好城市的学校结为友好院校，直接安排老师去教授太极拳，慢慢就可以办成孔子课堂，慢慢再孵化、再孕育就成为孔子学院，甚至成为邯郸学院的太极学院了。这个建议有道理，所以，我们还要解放思想，以战略性的思维，创造性地把太极文化事业做大做强。

太极文化建设是一项神圣的事业，也是一项伟大的事业，更是一项具有美好未来的事业，我们责无旁贷，要勇于担当，真正把这项事业做大做强，使邯郸学院走向世界，成为具有一定国际国内影响的地方名校，愿我们为此而共同努力。

谢谢大家！

## 第三节　邯郸学院校长马计斌在2015年度"太极拳日"启动仪式暨"开练吧！太极"邯郸市青少年太极推广活动启动仪式上的讲话

尊敬的各位领导、各位来宾、老师们、同学们：

大家上午好！

今天，我们在这里隆重举行2015年度邯郸学院"太极拳日"启动仪式暨"开练吧！太极"邯郸市青少年太极推广活动启动仪式。我谨代表校党委、校领导班子以及邯郸学院一万四千余名师生员工向关心和支持我校太极文化事业发展的各级领导、各级部门表示衷心的感谢！向广大太极拳爱好者致以诚挚的问候！并向光临我校的侯华梅副市长、杨华云局长、刘伟副书记等领导和来宾表示热烈的欢迎！

邯郸作为历史文化名城，是太极拳文化发展的沃土，是杨式太极拳、武式太极拳，以及后续派生的吴式太极拳、孙式太极拳的发祥地。邯郸学院作为邯郸市唯一一所地方本科院校，对继承和发扬地方文化有着义不容辞的历史责任。为弘扬优秀传统地方文化、提升我校办学品位，学校长期致力于太极文化的科学研究与传承发展工作，围绕校园文化、学科专业、研究推广平台、社会推广等方面进行了一系列的探索。升本10年来，我校以太极拳社团、课间操、公共体育课、公共选修课、专业选修课、校领导培训班、中层干部培训班、辅导员培训班等多种特色形式在全校师生中推广普及太极拳。2008年11月12日，我校下发《邯郸学院关于校园文化"三大特色工程"的建设实施方案》，将太极拳文化推广列为本校特色文化建设工程。2010年4月13日，学校印发《邯郸学院关于全面加强太极拳文化建设的意见》，围绕学科专业建设这一核心，深入推进太极拳科学化传承、社会化推广、国际化传播、产业化发展。2010年，我校率先成立全国高校首家太极文化学院。2011年9月，我校太极文化学院迎来了第一批太极拳专业方向本科学生；同年12月，我校太极拳课程被评为省级精品课程；2012年12月，武术与民族传统体育（太极拳）学科获批省级重点发展学科；2013年12月，体育教育（太极拳）专业获批河北省特色专业。近五年来，我校与省、市相关部门及中国国际广播电台、国家汉办合作，建立了中国国际广播电台孔子学院太极文化国际培训基地、国家武术运动管理中心太极拳推手研究试点、中国武术协会段位培训考试点、河北省非物质文化遗产研究基地等国家、省、市三级太极文化研究推广平台13个。2014年6月，我校承办中国·邯郸第十二届国际太极拳运动大会学术报告会和段位制技法展示，产生深远而广泛的影响。2014年8月，学校与中国国际广播电台、上海体育学院、河南大学等11家单位共同发起成立了"太极文化传承发展协同创新中心"，为传承发展太极拳这一地方特色文化搭建了更宽广的研究平台。

"太极拳日"是邯郸学院校园太极文化活动的特色品牌，自2011年7月设立延续至今，每周四下午常态化开展并不断创新多种活动形式。今天，我们在此举行2015年度"太极拳日"启动仪式，就是为了致力于本年度这一传统精品活动持续稳步开展，共沐太极文化之风，同筑文化传承之路。

作为地方高校，我们时刻谨记服务社会、奉献邯郸的历史使命，通过多途径输送太极人才参加比赛与演出、多方面开展太极志愿者活动、多层次举办（承办）太极文化论坛等方面为我市太极文化事业发展贡献力量。今天"邯郸市青少年太极拳培训中心"在我校挂牌成立，我们深感荣幸，同时责任倍增。我校将以此为契机，继续致力于我市青少年太极文化推广工作，紧紧围绕市委、市政府决策部署，弘扬太极文化，勇担历史使命，加快建设特色鲜明的应用技术型地方强校进程，为建设宜居宜业宜游的富强邯郸、美丽邯郸贡献力量。

今日沐春风同习太极拳，明朝迎晨曦共谱新华章！最后，预祝2015年度邯郸学院"太极拳日"启动仪式暨"开练吧！太极"邯郸市青少年太极推广活动圆满成功！

谢谢大家！

## 第四节　邯郸学院原党委副书记、太极文化工委书记段玉铭的讲话

一、在太极学院独立运行第一次会议上的讲话及专题讲座

——仰望星空　脚踏实地　鞠躬尽瘁（2013年10月29日）

同志们：

今天是个大喜的日子，喜在校党委行政的审时度势、英明决策，决定太极文化学院作为二级学院独立运行，真正把太极文化专业建设落到了实处，为实现太极拳伟业奠定了坚实的基础。董海林副书记代表党委作了语重心长的讲话，给予厚望，盼太极学院的同志们认真学习，抓好落实，用实际行动报答党委行政，用心推进太极伟业。董海林副书记一定要我讲讲，恭敬不如从命，只好献丑了。值此我讲三句话：仰望星空，脚踏实地，鞠躬尽瘁。

（一）仰望星空

仰望星空就是要胸怀大目标，走好"四化"路，建好两个中心，办成三大件事，实现"五出"目的。

胸怀大目标。要把太极拳伟业作为事业、追求、信仰，去实现辉煌太

极，使社会誉为的"太极黄埔"名归实至。"太极拳梦"是"中国梦"的内在要求，为中华民族复兴，实现"中国梦"而努力奋斗。

走好"四化"路。科学化传承立起来创太极拳学。突出太极拳文化高级人才培养，突出太极拳文化科学研究。国际化传播走出去造福人类。秉承"太极瑰宝，源于中国，融入世界，造福人类"的胸怀与理念，太极拳走出国门送健康，为人类造福。社会化推广走出校门惠及百姓。实施"六进"工程，送太极拳进机关、社区、农村、学校、车间、军营，作为绿色健康惠民工程去推进。产业化发展活起来促持续发展。太极拳产业化发展是太极拳可持续发展的命门之穴。只有产业化发展才能有实力发展，才有活力、生命力。

建设两个中心。建设中国太极文化中心，建设世界太极文化中心。

办好三件大事。创撰太极拳学；创建中国太极大学；助推太极拳推手进奥运。

实现"五出"目的。出人才、出成果、出地位、出经验、出效益。

（二）脚踏实地

脚踏实地就是要搞好三个建设，处理好五个关系，练好四个基本功。脚踏实地是仰望星空的基础与支撑，没有脚踏实地，仰望星空就是空谈，空谈误国、误事业、误人生。

搞好三个建设：基本建设，基础建设，基层建设。

基本建设：培养目标方案的完善提升。随着国家改革开放深入深化，转型发展的大趋势，高等教育如何适应转型，邯郸学院如何适应转型，我们太极拳专业如何适应转型是一个大课题。按照一切围绕学生的就业与可持续发展，一切围绕满足社会需要。完善培养目标，修订课程体系，提升教学训练方法，搞好教师队伍建设。

基础建设：太极学院是新建学院，太极文化专业是全新的专业，没有经验可借鉴。适应新形势，制定保障专业学科建设，实现培养目标方案的系列制度。达到人人肩上有责任，项项工作有标准，件件事项有奖惩。用制度调动师生教学的积极性，用制度推动事业发展。

基层建设：太极学院尽管目前只有三届 180 名学生，是邯郸学院最小的二级学院，但麻雀虽小五脏俱全，必须从一开始就要规范化运行，建立健全教研室、党团、工会、学生会、宿舍、社团等基层组织。要做到组织健全，精干效率，可以一人兼多职。用组织保障学院的健康运行。

处理好六个关系。处理好上下、内外、左右、公私、大小、缓急关系。关系是和谐度，某种意义上讲关系决定着事业的成败。一切为了事业，和谐六个关系，实现默契干事，广交朋友，干好事业。

练好四个基本功：说功、做功、内功、定功。

说功：说功不是耍嘴皮子，言为心声，中国古有"三立"之说，立德、立言、立功。立德为最高，立言次之，立功再次之。说功的立足点在于对事物、对学科深入的学习研究，对太极拳文化、太极拳拳理、技巧要有透彻的研究，有严谨的逻辑，辩证的思维，清晰的思路，周密的谋划，才能有高超的说功。自己有一斗，才能给人一升，否则会误人子弟啊！

做功：要有做成事的功夫和能力。不以成败论英雄，干事业必须要有做成的决心，要有做成的本领。做功不是天生的，是后天学习而来的，向实践学，向成功学习，特别要向失败学习，处处留心皆学问。只要肯攀登，世上无难事。

内功：为人师表不单单要求有丰富的知识和技能，更重要的是用师德教化、影响学生的成人、成长、成才，这就要求教师必须提高自身内涵素质，有内功。

定功：定力也。面对太极伟业，我们要克服千难万苦，盯死目标不放松、不放手、不动摇、不信邪，抓紧抓死，不达目标誓不罢休。

（三）鞠躬尽瘁

鞠躬尽瘁就是在明大势，懂大理，干大事的前提下，尽全力去实现我们追逐的太极拳梦。

明大势。国家转型发展，建设文化强国，我们做太极拳文化事业完全符合国家发展大势，有好的大环境、大气候、大舞台，风顺正是扬帆时。我们逢盛世，居福地，又恰遇好领导，应该庆幸、珍惜、抢抓机遇。

懂大理。干事业必须团结，团结出生产力、发展力，凝聚力，生命力。懂团结是大智慧，会团结是大本事，促团结是大功德，得团结是大福气。团结是大道理，太极学院的同志要向爱护眼睛一样爱护团结。

干大事。把太极拳文化引进高校传承是太极拳传承的里程碑，科学化传承立起来，创立太极拳学；国际化传播走出去，造福人类；社会化推广走下去，惠及百姓；产业化发展活起来，促转型发展；这是功德无量的大事业。

尽全力。干事业、干公事要有四个一样：像个人进步一样尽心，像为爱人就业一样尽情，像为父母治病一样尽力，像为孩子成长一样尽命，何愁事业干不成、干不好。对学生更多的是要付出爱，付出大爱，要像爱自己孩子一样爱学生。

坚信我们太极学院的全体师生在校党委、行政坚强领导下，在特色发展战略指引下，在举校体制共同努力下，仰望星空，脚踏实地，鞠躬尽瘁，太极拳梦一定能够实现。我们教师个人也会在太极拳文化伟业中升华自我。


二、为学生作太极拳文化专题讲座

为弘扬太极文化、打造学校特色，5月13日下午，我校太极文化工委书记、河北省太极拳协会秘书长段玉铭为学生作了一场题为《太极圆梦 美丽人生——太极拳真谛探析》的学术讲座，2012级体育学院的本科生以及旅游管理专业的本科生聆听了此次讲座，社科部主任葛宏冰主持了本次活动。

我校一直致力于推广中国的太极拳和太极文化，发挥多学科优势，于2010年创建了全国高校第一所太极拳文化学院，于2011年开始招收太极拳专业本科生。2012年经河北省民政厅批准，我校牵头组建了河北省太极拳协会，确立了"太极瑰宝，源于中国，融入世界"的战略思维。

此次讲座，段玉铭围绕太极拳的真谛谈了四个大问题：一是认识太极拳。太极拳是在中国大地上土生土长的内家拳，它至少有三大核心价值，即技击为根,健身为用,文化为魂。二是习练太极拳。习练太极拳首先要宏观把握三要点,要微观突出练好"松",还要整体把握太极拳推手八要点。三是感悟太极拳。太极拳的真谛何在?太极拳练的是精气神,修的是品行思,求的是韵境道。四是创新太极拳。包括传承模式创新、推广平台创新、传播渠道创新等。

在欢乐和谐的气氛中,段玉铭还穿插了与学生的幽默互动,使本次讲座笑声不断、掌声不断。他以丰富的知识、翔实的资料和铿锵有力的语言完成了本次讲座。最后寄语大学生:让我们通过太极拳圆梦,升华美丽人生,为自己创造高尚职业,给力国家民族复兴崛起,走向人生崇高境界。

## 第二章　校外相关领导的指导

**侯华梅副市长在2015年度邯郸学院"太极拳日"启动仪式暨"开练吧!太极"邯郸市青少年太极推广活动启动仪式上的讲话**

各位老师、同学们,同志们:

大家上午好!

在这百花争艳、万物欣荣的美好时节,我们在邯郸学院隆重举行邯郸市青少年太极推广活动启动仪式,这是充分发挥我市太极文化资源优势、积极推进全民健身、全面发展青少年学生体育健身活动的一件大事。在广大青少年中弘扬传承太极文化、全面推广太极健身活动,是培育青少年学生积极向上正能量的现实要求,是深入开展"走下网络、走出宿舍、走向操场"三走活动的一项重要举措。在此,我代表市政府向本次活动的隆重举行表示热烈的祝贺,向踊跃参与太极推广活动的邯郸学院全体师生及全市青少年朋友们表示诚挚的问候!

近年来,市委、市政府坚持把发展太极文化事业放在更加突出的战略位置,把太极拳作为全民健身的重要抓手,不断加大投入力度,健全保障机制,实化推进措施,广泛开展太极拳"六进"活动,连续举办太极拳运动大会，太极文化已经成为邯郸的一张靓丽名片。邯郸学院作为我市唯一一所市属全日制本科院校，立足全市发展大局，以弘扬传承太极文化为己任，不断加强太极学院建设，强化与国际广播电台合作，助推太极文化走向世界。

青少年是祖国的未来、民族的希望。当前，我市正处于爬坡过坎、跨越发展的关键时期，提升广大青少年的知识储备、专业技能和健康指数，是实现邯郸经济转型升级、绿色崛起的迫切需要。各级各有关部门要充分认识弘扬太极文化、促进学生健康成长的重要性，广泛组织开展青少年太极推广活动，引领全市广大青少年踊跃投身习练太极拳活动，掀起新一轮普及和推广太极拳的热潮，进一步在思想上达成共识，在行动上凝聚合力，共同营造良好环境。下面，我讲三点意见：

一要高度重视，全面推广。各级共青团组织、教育行政部门和邯郸学院要站位全局，以创建"太极名城"为目标，充分利用我市得天独厚的太极文化优势，在广大青少年学生中积极组织开展太极健身活动，传承太极精神，挖掘太极内涵，提升健康指数，真正使太极拳成为青少年励志强身的重要载体，成为勇于担当、锐意进取的力量之源。

二要突出重点，强化举措。邯郸学院要发挥太极学院的带动和辐射作用，在引领和推动青少年普及与推广太极拳方面树好样板、做好表率。共青团组织要发挥好牵头作用，在健全、完善和实施青少年普及与推广太极拳长效机制上下功夫，切实把太极健身活动抓在平时、收到长效。教育行政部门要在各级各类学校扎实开展太极拳习练活动，激励学生养成习练太极拳的良好习惯，为学生全面成长奠定健康基石。

三要总结经验，创新发展。要不断总结太极拳普及与推广经验，积极创新太极文化的传承与发展方式，深入实施我市《关于进一步加强学校体育工作的若干意见》，将太极拳普及和推广与体育课教学、课外实践、社会实践活动结合起来，将太极文化的传承发展与调节学生心态、提升学生素质结合起来，确保活动取得实实在在的效果。

各位老师、同学们，青春铸就梦想，健康奠定未来。让我们以本次太极拳推广活动为契机，努力践行团中央倡导的"三走"活动，大力传承太极文化，全面投身习练活动，练就健康体魄，成为栋梁之材，为建设宜居宜业宜游的富强邯郸、美丽邯郸做出应有的贡献！

祝各位教师和同学们身体健康、学业进步！

谢谢大家！

## 第三章 相关重要会议

一、太极文化建设促进太极拳走出国门发展研讨会

——院领导杨金廷、段玉铭、郭振兴出席并讲话，与会人员就如何促进我院太极文化又好又快发展、打造办学特色进行了充分研讨。

为加强我院太极文化建设，打造办学特色，2010年5月18日下午，我院在行政楼第一会议室召开太极文化建设发展研讨会，就进一步发展和做大做强我院太极文化进行研讨。院长杨金廷，院党委副书记、纪委书记段玉铭，副院长郭振兴出席并讲话。

杨金廷在会上就如何进一步促进我院太极文化又好又快发展讲了六点意见。

一要充分认识发展太极文化的重要意义。他指出，太极拳是中华传统文化的瑰宝，是邯郸历史文化最为灿烂的部分，我院作为地方院校，深入研究、传播太极拳责无旁贷，也是我们打造特色、扩大影响、建成地方名校的一条独特道路。要从传承民族传统、宣传地方文化、扩大我院影响的高度充分认识发展太极文化的重大意义，举全院之力，促进太极文化发展，打造特色。

二要成立组织。成立太极文化建设与发展工作领导小组，由院长杨金廷同志任组长，院领导段玉铭、曹贵宝、郭振兴、刘明生、鲁书月任副组长，教务处、科研处、学工部、工会、办公室、外事办、中文系、历史系、体育学院、外国语学院、继续教育学院等为成员单位，下设办公室，

具体研究、谋划、实施太极文化的建设与推广工作。

三要搭建平台。加强教学平台建设，着手筹建太极学院，成立筹建办公室，段玉铭同志兼任主任，郭振兴同志兼任常务副主任，相关单位主要负责人为成员。太极学院的主要任务是：弘扬太极文化，普及太极运动，培养太极人才，促进太极拳走出国门。加强科研平台建设，着力发挥太极文化研究与推广中心的作用，制定规划、明确方向，开放合作、汇聚群贤，组团攻关、立项资助，打造项目、争取经费，开发产品、孵化产业，编写教材、制定标准，多出精品、形成特色。

四要培养人才，多获奖牌，走向世界。他强调，要加强调研，制定人才培养、培训、训练、推广等工作方案；要结合有关专业发展，编写教材；要协调联动，培养人才；参加比赛，多获奖牌；要开辟渠道，依托孔子学院，把我院的太极文化推出国门，走向世界。

五要积极开展活动，尽快形成校园文化特色。

六要培训推广，举办赛事，奉献社会。继续教育学院要借班培养，体育学院要通过培养人才、编创太极拳套路、实习等向中小学推广太极拳，适当时候举办赛事，扩大学院影响，为社会服务。

段玉铭在讲话中强调了发展太极文化对我院的重大意义，就成立太极拳工作机构、做深做强做大太极文化、促使太极文化走出国门等讲了重要意见，并就开展相关工作谈了具体想法。

郭振兴在会上回顾了近年来我院普及发展太极拳的情况，总结了工作中取得的成绩和存在的不足，就今后工作中如何全面加强太极拳文化建设讲了具体意见。

会议印发了《邯郸学院关于全面加强太极拳文化建设的意见（讨论稿）》，与会人员畅所欲言，热烈讨论，从组织机构、队伍建设、学科专业、人才培养、培训推广、产业发展等不同角度畅谈了发展太极文化的想法和意见建议。

二、太极文化传承推进调度会

为进一步加强我院太极文化建设，打造办学特色，7月31日上午，我院在行政楼第三会议室召开太极文化传承推进调度会。院长杨金廷，党委副书记、纪委书记段玉铭，副院长郭振兴出席并讲话。党政办公室、教务处、体育学院、中文系等单位负责同志和有关人员参加。

院长杨金廷在会上就进一步促进我院太极文化传承建设工作、尽早向国家汉办汇报我院太极文化建设情况、争取国家支持讲了三点意见。

第一，这项工作是建设地方名校的使命性工作，应该认真谋划，做精、做细、做优。杨院长指出，我院的发展战略是："聚发展动力，抓内涵建设，走特色之路，建地方名校"。太极文化的研究、传承，能凝聚我们发展的动力，能促进我们的内涵建设，能形成学院的办学特色，也能成为我们名校的标志，因而是一项使命性的工作，我们要对历史负责，要无愧于我们肩负的责任，下大精力、下足精力，全身心做好。

第二，我们已经在太极文化建设发展方面做了大量工作，具备了一定基础，具备了争取列入教育部相关项目的条件，要加快推进。我们成立了太极文化建设与发展工作领导小组，构建了太极文化研究和传承、推广的平台，外出进行了考察学习，理清了思路，明确了目标，做了大量的工作，这些使我们具备了成立太极学院和列入国家相关项目的条件。

第三，要认真谋划，精心准备，尽早向国家汉办汇报，力争取得支持。总的思路是：认真研讨，组织材料，反复锤炼，内容丰富，装订精美，打通人脉，进京争取。

院党委副书记、纪委书记段玉铭简要回顾了上半年以来我院推进太极文化建设发展的情况，就尽快成立太极学院、搞好与社会的联系和对接、争取国家支持等问题讲了重要意见。

副院长郭振兴介绍了组织编纂杨式太极拳教程的进展情况，就进一步做好太极拳相关工作谈了具体意见。

三、太极文化建设有关工作会议

近年来，我校积极开展太极拳教学、科研、推广和国际交流工作，太极文化建设取得了重要而显著的阶段性成果。日前，国家汉办原则同意批准我院为"中国汉语国际推广邯郸太极拳基地"，并将于近期在我院举行揭牌仪式。

为进一步统一思想，明确目标，全力推进邯郸学院太极文化建设，4月13日下午，我院在行政楼第三会议室召开太极文化建设有关工作会议。院领导王韩锁、杨金廷、董海林、段玉铭、吴长增、郭振兴、刘明生、鲁书月出席会议，各院系部、各处室主要负责人，太极文化学院全体人员，体育学院、艺术传媒学院、外国语学院、中文系、地理与旅游系全体中层干部及部分教师代表参加。

在首先召开的太极文化建设工作会议上，党委副书记董海林宣读了《邯郸学院关于推进太极拳文化建设九大项目的批复》，副院长郭振兴作了太极文化建设工作报告。院长杨金廷从战略发展的角度讲了重要意见，他强调：做大做强太极文化事业是我们的战略使命，要明确战略定位和战略目标，以进攻性的姿态推进战略性项目建设，建设好战略平台，以战略性思维谋划好太极文化建设。院党委书记王韩锁在讲话中强调，太极事业是邯郸学院的一个必然选择，担负着太极文化科学化和世界化的历史性任务，要努力突破教材、师资、生源、就业市场等难点，以全新的理念和体制，成全新的事业，实现办学特色的新突破。希望大家多动脑筋，集思广益，众志成城，成就一番太极事业。会议还印发了《邯郸学院太极文化建设2011—2020年发展规划》（征求意见稿）、《邯郸学院关于推进太极拳文化建设九大项目的批复》。

在随后召开的筹备中国汉语国际推广邯郸太极拳基地揭牌仪式调度会上，王韩锁强调，要充分认识揭牌仪式的重要性，抓住抓好基地审批、会务组织、文字材料等关键环节，认真组织，明确重点，提高标准，保质保量完成任务。他强调，揭牌仪式举行前至少要调度三次，要不断提高工作质量。会上，党委副书记、纪委书记段玉铭对揭牌仪式筹备工作进行了详细的安排部署。

最后，召开了院党委和太极文化学院党的工作委员会及行政班子成员集体谈话会。党委副书记董海林就我院太极文化建设领导体制做了说明，宣读了《关于成立邯郸学院太极文化建设领导小组的决定》《关于组建邯郸太极文化学院党政领导班子的决定》。党委书记王韩锁以"责任重大、使命光荣、目标一致、错位经营、挑战自己、再攀高峰"24个字与大家共勉，要求与会人员积极履行职责，推进太极文化学院发展，把太极事业搞好。大家一致表示，要自我加压，赤心奉业，创造性做好工作，在太极科学化、国际化上做出成绩，取得成果。

四、关于调整邯郸太极文化学院管理机制的工作会议

为进一步加强学校太极文化特色建设，2013年10月25日下午，我校在行政楼第三会议室召开关于调整邯郸太极文化学院管理机制的工作会议。校领导马计斌、董海林、王虎平、段玉铭出席会议，学校相关职能部门人员代表、太极文化学院全体人员参加了会议。

校党委副书记董海林主持会议。

校党委组织部部长柴兴泉宣读了党字〔2013〕26号《关于邯郸太极文化学院独立设置的决定》。

副校长王虎平宣读了政字〔2013〕64号《邯郸学院关于调整邯郸太极文化学院管理机制的实施方案》：体育教育（太极拳）专业划归邯郸太极文化学院管理，现有学生划归邯郸太极文化学院管理，专业管理的调整由教务处、学工部负责落实；相关教师和工作人员的调整由人事处负责落实；相关办公场地的调整由党政办、教务处、国资处负责落实；相关教学训练场地由发展规划处负责落实；相关办公教学设备和器材由国资处负责落实；其他相关职能部门要根据各自的职责，大力支持邯郸太极文化学院管理机制的调整。

体育学院院长董启林、邯郸太极文化学院院长田金龙分别作了表态发言。

校长马计斌代表党委、行政对体育教育（太极拳）专业管理工作的顺利交接表示祝贺，对我校太极文化建设工作今后的发展提出了明确要求。马计斌校长表示，我校太极文化建设工作经历了多年的积累，邯郸太极文化学院独立设置是我校太极事业发展形势的需要。太极文化学院独立运

转，但学校仍然要努力创造条件，集全校之力支持太极文化事业的发展。各相关职能部门、体育学院要积极支持体育教育（太极拳）专业的顺利交接，相互配合，资源共享。希望邯郸太极文化学院的领导班子以大局为重、团结合作、找准方向，带领太极文化学院全体师生开拓进取、不负重托、不辱使命。相信在校党委、行政集体领导、各级部门的支持和太极文化学院的努力下，我校太极文化特色建设将继续开创崭新局面。

校党委副书记董海林强调，我校太极文化特色建设是一项宏大的事业，为了实现我们的理想，必须脚踏实地抓好内涵建设。各相关部门要认真领会《邯郸学院关于调整邯郸太极文化学院管理机制的实施方案》的精神，认识要高，责任要到人，要主动服务，优质服务，党政办、纪委要做好督导工作。

## 第四章　主要相关文件

1. 中共邯郸学院委员会关于成立邯郸太极文化学院的决定
2. 中共邯郸学院委员会关于成立邯郸学院太极文化建设领导小组的决定
3. 邯郸学院关于全面加强太极拳文化建设的意见
4. 邯郸学院关于太极学院的发展规划
5. 邯郸学院太极文化建设会议纪要
6. 邯郸太极文化学院长远发展规划专家论证会纪要
7. 邯郸学院关于申请建立国家级太极文化与汉语教育国际推广基地的请示
8. 邯郸学院关于建立国家级太极文化与汉语教育国际推广基地的请示
9. 邯郸学院太极拳国际推广工作院内分工方案
10. 邯郸学院关于推进太极拳文化建设九大项目的批复
11. 邯郸学院关于在体育教育专业中开办太极拳文化方向的申请

12. 邯郸学院关于加强太极拳文化特色教学的意见

13. 邯郸学院关于体育教育（太极拳）专业的暂行管理办法

14. 邯郸学院关于加强太极拳专业师资队伍建设的意见

15. 邯郸学院关于做好2012年太极拳文化建设工作的意见

16. 关于印发中国汉语国际推广邯郸太极拳基地揭牌仪式任务分解推进督办日程表及太极拳项目建设推进督办日程表的通知

17. 关于转发《邯郸学院工会邯郸太极文化学院关于设立"太极拳日"的意见》的通知

18. 关于转发《邯郸学院工会邯郸太极文化学院关于"太极拳日"启动仪式情况的通报》的通知

中国梦·太极行　>>>

# 中共邯郸学院委员会文件

党字〔2010〕34 号

---

## 中共邯郸学院委员会
## 关于成立邯郸太极文化学院的决定

　　按照"弘扬中华文明，传播太极文化，凸显邯郸特色，拓展国际视野，肩负学院责任"的宗旨，为开展好太极拳教学、科研、推广和国际交流工作，发挥好高校在文化方面的传承、辐射作用，打造我院办学特色，加快推动太极文化走出国门，学院党委研究决定：

　　一、成立邯郸太极文化学院，为邯郸学院二级学院。
　　二、邯郸太极文化学院同时挂牌"邯郸太极文化研究推广培训基地"。

中共邯郸学院委员会
2010 年 9 月 25 日

主题词：成立　邯郸太极文化学院　决定

送：党委书记、院长，党委副书记、纪委书记、副院长
发：各处室、各二级学院（系部）、各单位

邯郸学院党政办公室　　　　　　　　　　　　2010 年 9 月 25 日

（共印 60 份）

# 中共邯郸学院委员会文件

党字〔2011〕1号

---

## 中共邯郸学院委员会
## 关于成立邯郸学院太极文化建设领导小组的决定

根据太极文化建设与发展的需要，党委研究决定成立邯郸学院太极文化建设领导小组。

**组　　　长**：杨金廷

**常务副组长**：段玉铭

**副　组　长**：曹贵宝、郭振兴、刘明生

**成　　　员**：董启林、郑欣欣、魏晓红、方强、马建华、卢建辉

办公室设在体育学院。主任：马建华（兼）

2011年1月8日

**主题词**：太极文化　领导小组　决定

送：党委书记、院长；党委副书记、纪委书记、副院长

发：各党总支（直属党支部）

邯郸学院党政办公室　　　　　　　　　　2011年1月9日

（共印60份）

中国梦·太极行 >>>

# 邯郸学院文件

政字〔2010〕16号

---

## 邯郸学院
## 关于全面加强太极拳文化建设的意见

太极拳是中华民族优秀传统文化和邯郸地方特色文化。经过升本以来几年的努力，太极拳文化建设初具规模，太极拳在我院学生中得到了普及，形成了特色活动和特色教学，成效明显。为深入普及太极拳和全面加强太极拳文化建设，提出以下意见。

**一、充分认识全面加强太极拳文化建设的重要意义**

邯郸是太极拳发祥地，诞生了杨、武两式太极拳，派生了吴、孙两式太极拳，处处可见习练太极拳的人群，历代不乏太极拳名人、高手。一百多年来，杨、武两式太极拳分别在传承传播和理论创新方面独占鳌头。太极拳是邯郸历史文化宝库中最为灿烂的瑰宝，最有可能打造成文化教育产业。作为邯郸唯一市属本科院校，我校对太极拳文化的研究传播具有不可推卸的责任和得天独厚的优势，实现太极拳传承由社会转入学院学校。

太极拳被称为"文拳""哲拳"，不仅能使人守护生命，而且能使人守护心灵；不仅能使人活动身体，而且能使人开动脑筋，有利于使人成为健康的人和健全的人。将太极拳文化作为德育教育和办学特色是一项战略选择。这一选择适应21世纪人类健康需求，适应和谐人生、和谐社会、和谐世界建设需要，适应邯郸经济社会发展需要，适应我校特色发展需要。

加强太极拳学科专业建设和人才培养，有益于非物质文化遗产的保护和传承，有益于民族文化的研究和发展，有益于学校道德教育树立文化本土品格的改革和学校新一轮发展。普及太极拳教育，有益于学生掌握一项终生健身技能和全民健身运动，有益于学生学习传统文化和养成特有的文化和精神追求。

全院上下要进一步提高认识，把加强太极文化建设当成一项重要的政治任务，举全院之力，将太极文化、太极拳专业教育迅速做大、做强、做好。

**二、指导思想和基本原则**

（一）指导思想

秉承中华民族优秀传统文化，依照非物质文化遗产保护传承要求，与我院发展战略和邯郸经济社会建设相结合，将太极拳文化作为教学、科研和学生活动的主要内容，与其他专业、学科相融合，作为培养学生成人、成长、成才的有效载体，形成育人和办学特色，逐渐将邯郸学院建设成国家和国际太极拳文化研究与传承中心、学习与推广基地，为丰富太极拳文化内涵，促进民族文化传承，提高太极拳运动水平，光大民族文化作用，服务和谐社会、和谐世界建设，满足和谐身心需要，推动全民健身运动做出积极贡献。

（二）基本原则

1. 坚持继承传统，保护遗产的原则；
2. 坚持推陈出新，古为今用的原则；
3. 坚持研究与推广密切结合的原则；
4. 坚持重质量、创特色、创品牌的原则。

**三、主要任务**

（一）强化学科建设，打造教学特色

以太极拳教学为主体，以普教和成教为两翼，营造学校传承模式，分别培养和培训不同类别的高级专门人才。

1. 创办太极学院，打造太极拳特色。成立太极学院筹建领导小组，下设筹建办公室，弘扬太极文化，普及太极运动，培养太极人才，促进太极拳走出国门。在对外汉语、外语、体育等专业中招收学生，开设太极资质班，2010年底达到200—400人左右的规模，在此基础上尽快面向社会和国际招生，举办发放等级证书和太极拳教练资质证书的初、中、高级培训班；结合成人学历教育和教师等各类培训，开设杨、武式太极拳课程，扩大普及范围；联系国际文化旅游或外事活动，举办短期培训，扩大国际影响；开设以太极拳为主要方向的成人大中专学历教育班；建立太极拳课程体系和评价体系，构建太极拳教学和人才培养模式；实行学历证书与资质证书并重教育模式；联系孔子学院，将太极拳人才培养与孔子学院办学相结合，孔子学院办到哪里，就将太极拳和太极文化教到哪里、传播到哪里。尽快形成太极拳教学特色，逐渐将太极学院建成国内外太极拳教练培训知名基地。

2. 加强体育学院太极拳教学，将太极拳专业化、学科化。申报民族传统体育专业，招收有武术基础的学生，培养高水平太极拳运动员和高级教练员；将社会体育专业确定为太极拳方向，培养太极拳教练和裁判，或高水平保安工作者；强化体育教育专业的太极拳课程，培养具有太极拳特长的中小学体育教师；坚持公体课太极拳必修制度，教学内容逐渐要以简编杨、武式太极拳为主（增加28式杨式太极拳和56式武式太极拳教学内容，逐渐形成杨、武式和简化太极拳教学三足鼎立之势）；坚持和推行"课课练"制度，将太极拳作为每次公共体育课和体育专业技能课的准备活动；设立太极拳教研室或专门机构，统一负责太极拳教学和研究；实行"精品课工程"，快速提高教学水平；深化"普及工程"，加强对学生课间和课外太极拳活动的指导；开展国际交流，联系国外院校，接纳留学生和输送太极拳教练员。

3. 编写太极拳技术教材和评价规则。组成专门班子，编写相应教材和评价规则。统一规划，分步实施，先技术后理论，边实践边提高。年内要编写杨、武式太极拳套路、器械、推手等简编教材和评价方法和标准。在不断总结经验的同时，尽快完成本科教学用太极拳技术系列教材，填补国内空白。

（二）夯实普及基础，打造活动特色

1. 深化太极拳习练活动。要求每一名教职工学习太极拳，练习太极拳，感悟太极拳。组织教职工与学生一起参加大课间太极拳习练活动，各级领导带头，形成"师生同练，万人习拳"的常态景观；将简编杨、武式太极拳与简化太极拳共同作为习练项目，并逐渐增加习练杨、武式太极拳的人数，营造更独特的景观；组织学生开展太极拳晨练，形成第二道"天天练"风景线。

2. 组建校系太极拳社团。按兴趣志向集结人才，扶持学生习拳、研拳和研究太极文化的积极性。实行高年级带低年级、先学者带后学者、体育专业太极拳专修生作社团教练的"小先生制"。培养学生自主学习、自主管理、自主发展的能力，促进太极拳活动持续发展。鼓励社团之间切磋交流，增进友谊，锻炼能力，促进提高。

3. 广开赛事。以比赛促活动，以活动促普及，以普及促提高。主要赛事要有相对固定时间、地点、规模，形成制度，持续进行。校内比赛要与科技活动月、非遗活动周、特色教学展示等相结合，要增加拳理拳法等比赛内容。校际比赛可由本地院校扩展到国内外院校，在交流技艺的同时探讨太极拳学校教学的模式和经验，也可扩展到整个太极拳界，促进更广泛的交流。创办面向国内外的杨、武式太极拳年度赛事，促进理论研究，促进技艺提高，促进学校教学。

4. 营造太极文化环境。将"天天习练太极拳，健康工作五十年，幸福生活一辈子"作为固定标语置放于显著位置；设置太极文化宣传橱窗；设立太极广场；在湖旁路边、草坪树林等地设置太极拳名人雕像或动作塑像，建立标识明显的太极林、太极角。创办名人大讲堂，定期举办专题讲座或拳艺传授；利用节假日晨练时间组织社会太极拳名家、传人在学校习练，打造"名家晨练基地"；创造条件，为名家在学校培养传人提供方便。

5. 实行"扶优工程"。分别建立体育专业和非体育专业校级学生运动队，培养校外各类大赛获奖运动员，充分发挥拔尖人才的品牌效应和影响力；设立专项奖金，鼓励各院系和学生个人参加校内外以及国内外各种比赛；制定特殊政策，支持重大太极文化课题的研究，鼓励多出精品。

（三）凝练学术方向，打造研究特色

加强太极拳研究推广中心建设，充实人员，配备必要的设施设备，充分发挥其联系社会、聚集校内外太极拳名人名家、研究太极拳历史和技术以及推广普及太极拳的作用，逐渐将其建成全市性的太极拳研究推广中心。

在2010年暑假前出台并发布太极拳研究推广中心2010年课题指南，根据太极拳学科专业和太极拳文化建设需要，结合文理史哲等各专业学科性质，确定太极文化研究方向和课题，动员和组织有关院系或个人承担。结合课题研究进程和成果，举办讲座或开设选修课。通过科研开路、讲座铺路的形式，逐渐形成一批太极拳文化理论研究成果和太极拳课程体系。

科研选题立项要高站位、宽范围，充分调研、精心选择，符合学校实际需要。要开放科研，有机整合校内外研究力量，快出成果，多出精品。在加强技术应用研究的同时，要注重太极拳文化与学校道德教育改革、太极拳与心理教育、太极拳与生命科学、太极拳的哲学与力学原理、太极拳的历史与发展等方面的基础研究。

（四）加强信息交流，打造宣传特色

1. 建立信息平台，开辟交流阵地。开设太极拳网站；在校报开辟太极拳文化专栏；将校刊国粹与太极文化专栏做大做强；多方争取支持，创办太极文化刊物。

2. 建立资料平台，为教学科研提供服务。在图书馆建立专架或专库，广泛征订图书和报刊，尽快扩大馆藏，建成专项藏书中国之最；广泛收集各种文字资料和音像实物，建设太极博物馆。

3. 建立联系平台，广泛开展合作。太极拳研究推广中心要充分发挥联系社会、连接校内外的纽带作用。联系太极拳专家学者、名人名师；联系社会太极拳机构和政府组织，互通信息、互相支持；组织咨询策划、讲学讲座、切磋研讨；收集信息，提供研究课题或方向。

**四、组织保证**

太极拳文化建设是一项全新的系统工程和长期工程，涉及学校的方方面面和政府、社会的有关方面，尤其是缺少可借鉴的经验和做法。要在组织领导、机构设置、人员配备、资金支持、政策扶助等方面予以充分保证。

1. 成立太极文化建设与发展领导小组。由学校主要领导任组长，有关校领导任副组长，有关院系部主要负责人为成员。下设办公室和工作委员会。办公室设在科研处，工作委员会可设教学研究、培训推广、环境建设、竞赛活动、友好协作等若干个。主任委员由校领导担任，执行主任和副主任由院系或部门领导担任。

2. 纳入学校中长期发展规划。要按照规划，明确年度工作要点和任务。统筹安排，突出重点，抓好落实。要将师资队伍建设作为重中之重，贯彻始终。要制定特殊政策，聘请太极拳大师和传人担任课堂教学和在学生中培养传人；引进太极拳专门人才；鼓励体育教师承担太极拳教学。

3. 纳入教学改革范畴。将太极拳文化建设列为迎评促建展示项目，纳入评建办和有关院系、部门职责。按照特色活动的要求，商定规划，分解任务，限期完成。尤其要作为学校道德教育文化选择的一个尝试，充分发挥校本课程的育人功能。

4. 纳入院系和部门工作要求。加强太极拳文化建设是一项全校性工作。各院系、各部门要按照本意见要求，深入思考，深入研究，精心安排，创造性工作。要制定本单位实施方案，组成工作机构，明确专人负责，切实抓好落实。争取多出成果，多出精品。

附：

1. 邯郸学院太极文化建设与发展领导小组名单
2. 邯郸学院太极学院筹建领导小组名单

2010 年 4 月 13 日

| | |
|---|---|
| **主题词**：太极拳　文化建设　意见 | |
| 送：党委书记、院长，党委副书记、纪委书记、副院长 | |
| 发：各处室、各院系部、各单位 | |
| 邯郸学院党政办公室 | 2010 年 4 月 13 日 |

（共印 60 份）

附：

1. 邯郸学院太极文化建设与发展领导小组名单

组　　长：王韩锁、杨金廷

副组长：董海林、段玉铭、曹贵宝、吴长增、郭振兴、刘明生、鲁书月

成　　员：各处室、各院系部、各单位行政主要负责人

领导小组办公室设在科研处。

2. 邯郸学院太极学院筹建领导小组名单

组　　长：杨金廷

副组长：段玉铭、曹贵宝、郭振兴、刘明生、鲁书月

下设筹建办公室，具体研究、谋划、实施太极文化的建设与推广工作，筹建办公室设在体育学院。

主　　任：段玉铭（兼）

**常务副主任**：郭振兴（兼）

副主任：马建华

成　　员：体育学院、教务处、科研处、学工部、工会、办公室、外事办、中文系、历史系、外国语学院、继续教育学院

# 邯郸学院文件

政字〔2010〕17号

## 邯郸学院关于太极学院的发展规划

一、太极学院定位

立足学校，面向社会；秉承"学以致用、以人为本、取之地方、服务社会，开创特色、造福人类"的理念；以传承和发展太极文化为中心，以太极拳技能培养和太极理论研究为主导，全面进行太极理论研究、太极拳技能传播、太极拳比赛规则设定、太极拳段位（或等级）标准研制、太极拳运动的推广普及；筹建太极学院；完善太极学院中长期发展规划；争取举办孔子学院项目资格；积极与国外大学联系谋求合作办学，推动太极文化走出国门；与邯郸市委、市政府有关部门共同组织，在全市开展"万名辅导员、百万人练太极"工程，将太极拳普及活动列入新农村建设；谋划太极文化产业项目，创办《太极拳》太极学院院刊和太极拳网站；在对外汉语专业开设太极文化课程，面向全校举办太极拳教练资质证书培训；培养具有太极文化专长、走出国门的复合型人才。

二、发展目标

办学规模适度，专业结构合理，就业前景良好，学院特色鲜明。太极学院的发展根据教学、管理和科研工作的需要与我校实际情况，可分两步走：

（一）基础建设阶段（2010年—2011年）

本阶段旨在我校现有的太极拳文化基础上，根据教学实际，将太极拳课程融入相应的专业，并开设各类太极拳、太极文化学习班，组建太极拳队，为太极学院的进一步发展打下良好基础。本阶段的主要任务如下：

1. 分别在2009级（39人）和2010级（80人）对外汉语专业太极拳师资质证书班（分三个班），进行太极文化和太极拳技能的全面培养与提高；两届预计总人数为120人。

2. 在全校范围内海选喜爱太极文化、热爱太极拳运动、具有一定外语水平的学生组成太极拳专业培训班和集训班,进行太极文化和太极拳技能的传播与培训;其中在2009级和2010级学生中各组建一个太极拳专业培训班(50人/班);在2007和2008级学生中组建一个太极拳集训班(50人),进行突击强化训练;综合学习班预计总人数为150人。

3. 组建太极拳竞技队(套路、对抗)和表演队,积极参与学校及社会各级各类太极拳赛事和群体展演活动。

4. 通过太极拳研究推广中心发布太极文化研究项目(见附件),汇聚校内外太极专家、学者共谋太极学院发展大计。

本阶段(2010-2011年)计划在册学生人数为270人。

(二)快速发展阶段(2011年—2013年)

本阶段在前期基础上,进行太极拳专业建设,使之专业化、课程化、规范化,自成体系。根据学院的发展和社会的需求,申办太极专业,在办学层面上实现普教与成教共同发展的良好局面。本阶段主要任务有:

1. 开设太极拳师学历班。面向全社会,实现普教与成教共同招生。其中普教招生本科(或专科)60人;成教招生本科(或专科)100人。视发展情况递增。最终授予本科(学士)或大专学历证书,并根据学生技术水平和能力分别授予不同等级或档次的太极拳师资质证书或太极拳社会指导员资质证书。

2. 开设太极拳师资质班。面向全社会招生,为社会培养不同层次的太极拳师力量。分别开设太极拳师长期班(1年以上)、中期班(3-6个月)、短期班(1-3个月)和养生健身班,各班计划招生人数均为50人(预计招生总人数为350人/每年)。最终根据学员学习水平和能力分别授予不同等级或档次的太极拳师资质证书或太极拳社会指导员资质证书。

本阶段到2013年计划实现在册学生人数为2560人:

| 学生层次 | 2010级 | 2011级 | 2012级 | 2013级 | 小计 |
| --- | --- | --- | --- | --- | --- |
| 对外汉语 | 80人 | 80人 | 80人 | 80人 | 320人 |
| 综合培训班 | 50人 | 50人 | 50人 | 50人 | 200人 |
| 普招学历班 | 60人 | 60人 | 60人 | 60人 | 240人 |
| 成人学历班 | 100人 | 100人 | 100人 | 100人 | 400人 |
| 资质证书班 | 350人 | 350人 | 350人 | 350人 | 1400人 |
| 合计 | 640人 | 640人 | 640人 | 640人 | 2560人 |

招生对象涉及国内外，争取经过五年时间的努力，实现在籍学生总数3000人的目标，十年达到5000人的规模。

### 三、课程设置

坚持"以人为本，德育为先，促进人的全面发展"的教育方针。针对不同的学习对象，设置相应的教学内容。

（一）基础理论：中国古典哲学（道德经、易经）、中医学理论（黄帝内经、经络学、伤寒论）、运动生物力学、运动解剖学（运动生理学）、传统历法概论、中国传统养生学

（二）专业理论：太极拳论、中国武术史（太极拳史、太极拳谱）

（三）专业技术：武术基本功、传统太极拳械、国家统编太极拳械、太极推手、太极散手

### 四、师资建设

通过积极引进、培养、外聘等各种机制和措施，努力提高师资队伍的整体质量与水平，使师资队伍的学历结构不断提升，年龄结构、职称结构、专业结构趋于合理，"双师"素质教师比例逐年提高，聘请太极拳各流派国家级代表人物及各学科的知名专家、教授担任太极拳技能和太极文化理论的教学工作。初步建成了一支数量满足要求、结构相对合理、素质全面、专兼结合的"双师"结构教学团队。

### 五、教学计划

自2010级新生开始，在对外汉语专业、外国语专业、太极拳培训班分别进行太极拳、械及太极文化的传授。太极拳技能每周两次（4学时），包括太极拳、械的教学；太极理论以学术讲座的形式进行，每周一次。一年后，太极理论也要以基础课程的形式出现在全校教学范畴内。使太极学院教学程序步入全校教学的正常秩序，实现校本课程建设。

**附**：2010年度太极拳文化研究推广中心课题指南

2010年4月26日

主题词：<u>太极学院　发展规划　　　　　　　　　　　　</u>

送：党委书记、院长，党委副书记、纪委书记、副院长

发：各处室、各院系部、各单位

邯郸学院党政办公室　　　　　　　　　　　2010年4月26日

（共印60份）

附：
## 2010 年度太极拳文化研究推广中心课题指南

一、太极文化研究

二、太极拳研究

1. 太极拳史研究

2. 太极拳理论研究

3. 太极拳技法研究

4. 太极拳健身作用的研究

5. 太极拳文化产业研究

6. 太极拳传承与发展研究

7. 太极拳资料翻译（太极拳常用词语、太极拳校本教材等）

8. 邯郸学院太极拳校本课程建设的研究

9. 太极拳课程体系研究

10. 太极拳师等级制与评定方法的研究

三、与太极拳文化有关的其他研究

中国梦·太极行 >>>

# 邯郸学院文件

政字〔2010〕27 号

## 邯郸学院太极文化建设会议纪要

时　　间：2010年6月7日 16：00

地　　点：第三会议室

主　　持：段玉铭

出 席 人：杨金廷、段玉铭、曹贵宝、郭振兴

参 会 人：邢保良、梁伟新、赵新生、王丽萍、魏晓红、董启林、郑欣欣、董己辰、吕　兵、马建华、李建设

会议内容：邯郸学院太极文化建设

　　会议就加强邯郸学院太极文化建设、全力打造太极拳传承平台和太极文化研究平台、落实启动筹建太极学院任务、全面开展太极文化研究等内容进行了交流。

　　会上，郭振兴副院长提出当前要落实十项工作：1. 在对外汉语专业开设太极拳技能与太极文化课程，本学期短学期开班上课，并做三年教学计划，由中文系落实；2. 从2009级学生开始，在全院开设太极拳师资质证书班，逐渐发展至面向全社会招生，为社会培养太极拳师、太极拳教练，由太极学院筹建办和教务处落实；3. 从2010级新生开始，全面普及28式简化杨式太极拳，由教务处负责，体育学院落实师资培训和教学计划；4. 由工会落实组织全校教职工参加28式简化杨式太极拳培训学习，利用工间、课间进行太极拳健身锻炼；5. 进行大走访，结合新农村建设，将太极拳普及到农村去，涉及千家万户，由继续教育学院起草运行报告并组织培训，太极拳研究推广中心研究推广普及方法；6. 打造项目，争取省市财政支持，申请省文化建设专项经费支持；7. 由教务处、太极拳研究推广中心和太极学院筹建办共同研制太极拳课程体系建设方案，并研制切实可行的评价体系及太极拳师资质等级标准；8. 由教务处、科研处和太极学院筹建办研究落实起草成立太极学院论证报告；9. 落

实开放式、国际化办学,编著 28 式简化杨式太极拳外文读本、太极拳专业用语英文词典等,由外国语学院负责;10. 配合市政府筹办 2010 年邯郸国际太极拳运动大会、谋划筹办全国高校大学生太极拳运动大会。

曹贵宝副院长要求进一步解放思想、开阔视野、创新模式、高速发展,提出发展总目标,即要成立独立的太极拳二级学院——太极学院。他说,近期要完成五项工作:一是借鉴少林武校办学经验创建太极学院,太极学院课程体系要以太极拳、太极文化为主,以武术基本功为辅才能更显其完整性。同时要在体育学院申报开设太极拳专业。二是与孔子学院联合办学,依据用人单位需求实现定向培养。三是组织中文系、历史系、外国语学院及太极拳研究人员从不同角度、不同层面编辑太极拳和太极文化系列丛书(专著)。四是以科研处、体育学院为主,组织多方力量积极申办省级、国家级科研项目;五是经常组织举办、承办或参加各种太极拳活动,将太极拳活动纳入全面健身活动序列。

院长杨金廷作重要讲话,他指出,要加强认识,把太极文化建设当作政治任务来做,举全院之力,将太极文化做大、做强、做好。要成立相关组织机构,起草太极文化建设意见,全力打造太极拳研究推广中心科研平台和太极学院传承推广平台。要编写校本教材、优化课程建设、形成特色文化。要强化培训、制定标准并进行推广传播。要举办赛事、奉献社会、提高社会知名度,为学校赢得声誉。要开发特色产品,打造项目、争取经费支持。要参加赛事活动、多获奖牌,要开辟渠道、走向世界。他强调,会后要认真落实以下工作:

1. 由曹贵宝副院长主持,郭振兴副院长、科研处配合,在放假前出台并发布太极拳研究推广中心 2010 年课题指南。

2. 由段玉铭副书记、郭振兴副院长主持,太极学院筹建办尽快落实太极学院发展方案。

3. 由科研处、太极拳研究推广中心负责加大对外合作力度,联合社会多方力量,广纳贤才,共谋学校发展。

4. 由段玉铭副书记主持,曹贵宝和郭振兴副院长协助,打造项目,争取各方财力、物力支持。

5. 学校主持召开高层次论证会,聘请国家武协、知名专家、学者就我院太极文化研究、推广及太极学院的成立进行论证,以获得政府和社会各界的认可。

6. 由学校工会、团委等机构组织开展太极拳、太极文化活动,使之形成校园文化特色,做到邯郸学院人人能打太极拳。

7. 由教务处落实太极拳校本课程建设规划，2010级新生全面学习简化杨式太极拳，体育学院负责太极拳师资培训。

主题词：太极文化　建设　纪要
送：党委书记、院长，党委副书记、纪委书记、副院长
发：各处室、各院系部、各单位
邯郸学院党政办公室　　　　　　　　　　　　　2010年6月9日
（共印60份）

# 邯郸学院文件

政字〔2010〕60号

## 邯郸太极文化学院
## 长远发展规划专家论证会纪要

时　　间：2010年10月12日上午
地　　点：邯郸学院行政楼第三会议室
主持人：邯郸学院副院长郭振兴
出席人：

马明达，著名历史学家，暨南大学历史系教授、博士生导师，广东省武术文化研究会会长、广东李小龙研究会会长，《中国武术大辞典》《中国回族辞典》等主编、副主编，发表中国古代史、民族史和武术史论文一百余篇。

康戈武，中国武术研究院研究员，兼任北京体育大学武术专业教授（博士生导师），中国武术运动管理中心科研部负责人，中国武术专家委员会执行专家，中国武协委员兼新闻发言人，国际武术联合会传统武术委员会副主任。

吴文翰，第二、第三届世界太极修炼大会武派太极拳导师，美国武式太极拳研究会、北美洲武（郝）派太极拳总会名誉会长，武式太极拳传人，《武术健身》杂志特邀委员，《中国太极拳》杂志编委，《太极》杂志特约编委，《香港武艺》顾问，《武魂》杂志编委。

杨力，著名中医学家、作家、学者，中国中医科学院教授，北京周易研究会会长，中国作家协会会员。著有《中华五千年文化经典》《中华五千年科学经典》《中华五千年文学经典》，近年来陆续出版了八部历史小说"千古系列"，养生科普书有《别惯坏了你的身体》《黄帝内经十二经脉时间养生法》《黄帝内经不生病养生真法》《杨力养生23讲》《杨力四季养生谈》《杨力抗衰老36计》等。

赵幼斌，西安永年杨式太极拳学会会长，西安杨式太极拳学会总教练，《中国太极拳》杂志编委，美国福特劳德堡市永年杨式太极拳学会名誉会长，杨式太极拳第五代传人。

马伟焕，杨式太极拳第五代资深门人，中国武术八段，首届中国太极拳名家联谊会首席会员，广东省武术文化研究会顾问，香港杨式太极拳学会创会会长。

杨振国，杨式太极拳第四代传人，杨露禅之曾孙，杨澄甫之四子。出版了《杨式太极37式》一书和演习光盘，2009年被国家授予"非物质文化遗产——杨式太极"传授继承代表人物。

杨振河，中国武术协会会员，中国武术七段，中国永年杨式太极拳发源地总教练，杨式太极拳第五代传师，日本永年杨式太极拳协会名誉会长，德国永年杨式太极拳学院院长，欧洲永年杨式太极拳协会主席，新加坡传统杨式太极拳协会技术顾问。

和有禄，和兆元直系后人、赵堡和式太极拳研究会会长。

**参加人：**

邯郸学院党委副书记段玉铭，邯郸学院副院长刘明生，邯郸学院体育学院、中文系、教务处、科研处、文化研究所、学报编辑部等单位负责人。

**一、关于建立太极学院和发展太极文化的意义**

马明达强调，邯郸学院在全国高校中首家建立太极学院，这是一件前无古人的事，是一件令人兴奋的大事、喜事，现在的武术界太需要科学引领了，希望邯郸学院能把这件事办好，办好了对社会是一大贡献。

太极拳是我国传统文化中的宝贵遗产，在国内有着良好的基础，在国际上的影响日益扩大。随着我国国际地位的提高，在国际上弘扬中华民族传统文化的重要性愈发突显出来。邯郸学院把太极拳及太极文化作为一个学科、一个专业来建设，是一个壮举，太极文化研究走向深入必然有助于促进其系统性和科学性。

太极拳及太极文化一直在民间，民间的太极拳普及面很大，但缺乏对太极拳内涵的研究，缺乏对太极拳拳理拳法的研究。太极拳流派众多，但鱼龙混杂，缺乏对太极拳技术动作的规范，这使得太极拳的研究与推广始终处于较低层次。有的因对太极拳内涵认识不够而贬低为一般拳术，有的则把太极拳神秘化。所以，把太极拳作为一个学科来建设，非常必要，意义重大，如果建设得好必将影响深远。西方发达国家对事物接受注重合理性和科学性，太极拳在国际上的推广主要依靠感性经验，这在其高素质群体中缺乏说服力。依靠现代科学知识理论研究太极拳，可以使太极拳的国际化更为顺畅。

赵幼斌说，听到邯郸学院开办太极学院，我很担忧。为什么说担忧呢？我们太渴望由高等院校来做这件事了。现在终于由邯郸学院迈出了这一步，我们兴奋、激动，唯恐因为办不好而失去这块阵地。我们是因为对它寄予了太多的希望，才产生了担忧。

杨力指出，太极拳适应面非常广，随着我国经济的发展和人们生活水平的提高，大众对健身越来越重视，随着群众体育健身观念的增强，特别是我国城镇化的脚步越来越快，太极拳健身的作用将会更大。

和有禄强调，邯郸学院建立太极学院，天时地利人和全都具备了。从国家到地方，从政府到民间，文化建设越来越受到重视。邯郸永年是太极拳的中兴地，邯郸学院能充分利用这一资源，整合这一资源，发挥这一资源，条件得天独厚，做好了确实利国利民。

**二、关于太极学院的培养目标、方向、模式**

与会专家学者提出，太极学院立足点要高，眼界要宽广、深远，这一点非常重要。太极学院培养的人才一定要有别于太极拳传统培养模式培养的人。不要满足于培养一般性的拳手、教练，也不能满足于培养武师，必须出精英。这种精英可有多种方向，要有研究型人才，有技击型人才，有综合性人才，他们必须成为国内、国际太极拳界的领跑者才行。树立这样的培养目标，朝着这个方向努力，高等院校的太极学院才有存在价值和意义。

丁新民指出，邯郸太极学院是一个新生事物，培养模式需要探索，招生工作应注意：在文化基础、武术技能二者之间，文化基础必须放在前面。太极学院的学生应该文武兼修，太极学院培养的人才应是雅武俊秀，文武兼备。很多事实证明，没有相当深厚的文化基础是成就不了武学人才的。在培养模式上，应该灵活，可适当考虑传统书院或教育模式，学生数量要适当控制，书院模式是可以出精英的模式。

马明达强调，太极学院培养人才应该呈现开放型模式。首先太极拳不强调分陈式、杨式、武式等派别，它们都是太极拳，学生学的是太极拳，而不是什么式太极拳，学生应该具备这种大太极拳的素养。其次，太极学院应各种武术模式兼容并包。中国式传统摔跤、跆拳道、柔道、拳击等各种形式各样人才都要包容，提倡互相交流、互相促进，这样培养出来的学生才可能是心胸大、眼界宽、具有发展潜质的人才。

吴文瀚认为，太极学院培养的人，首先应该是符合国家要求的人，无论他们将来在国内还是国外从事太极拳事业，从事中国文化事业，他首先要懂得自己是中国人，没有这个根是不行的。其次，学生必须有中国传统文化的基础、中国历史，尤其明清、民国史必须学，另外，儒家的四书应了解，道家基本文化也应了解。没有一定的传统文化基础，其修养提不上来，人才素质得不到保障。

**三、关于太极学院今后的建设发展**

马明达认为，太极学院的课程设置应注重三个方面。一是技能课。太极拳不应只停留在健身层面上，修养身心是太极拳的一大功能，但它首先是技击。高等院校设置太极文化专业，课程设置应当要求更高，必须以精选的技能课培养学生的技击水平。二是科研能力与操作能力课。高等院校没有科研就没有发展前途，太极文化专业必须把科研视为生命线。三是文化基础课。没有文化素养，一切皆为空。

杨振国指出，师资建设至关重要，没有名师出不了高徒。学院应走出去、请进来，不拘一格，引进各方面的师资，形式可以灵活，使方方面面的人才为太极学院所用。

2010 年 10 月 13 日

# 邯郸学院文件

政字〔2010〕76号

## 邯郸学院
## 关于申请建立国家级太极文化与汉语教育
## 国际推广基地的请示

市教育局：

  太极拳是我国独有、世界公认的修身养性、强身健体、富有中华民族特色的传统体育项目，她承载着中华民族深刻的辩证思维，是武术、医术、导引术、造型术的完美结合。由于太极拳老少皆宜、简便易学、儒雅大方、内涵丰厚，已和孔子学院对外汉语教育一起，成为中华文化走向世界的最好载体。

  邯郸是杨式、武式太极拳的发源地，被誉为"太极圣地""中国太极拳之乡"，不仅与太极拳有关的遗迹、名胜、文物众多，而且有许多太极拳大师。太极活动开展广泛，练习者众多，练太极、研究太极蔚然成风，太极文化底蕴和基础十分厚重，蕴藏着巨大的发展潜力。

  邯郸学院作为一所新兴的本科院校，既具有太极文化的优势，又具有对外汉语教育教学的优势，在弘扬太极文化、开展对外汉语教育推广方面理应承担起更大的责任。

  第一，学校拥有得天独厚的太极文化优势。一是拥有杨式、武式太极拳传人，还有一批较高水平的太极拳教学、科研人才和师资队伍，为弘扬太极拳打下了队伍基础。二是研究能力较强。成立了太极拳研究推广中心，是河北省汉办命名的河北省汉语教育国际推广基地，开展了学科专业教学和科学研究，申报、立项了多项省市级课题，涌现出一大批科研成果。编创了适合社会各界不同年龄段人群练习的杨式28式太极拳、武式28式太极拳，制作了太极拳示范动作光盘，公开出版了《杨式太极拳简明教程》。三是积极开展太极拳推广普及。我校杨式太极拳第五代传人常关成、武式太极拳第五代传人姚志公和一些教师还多次走出国门，到世界各地开展太极拳推广、交流、研讨活动。选派师生参加国际国内太极拳大赛，获得了多个高级别赛事的金牌和第一名，展示了学校形象，为省市争得了荣誉。全校把太极拳列入学生的必修课，在全体学生中开展了课间操打太极拳活动。学院还多次主办、承办、参加邯郸（永年）太极运动大会、太极峰会、太极论坛等，主持太极文化学院建设论证会，取得良好的社会声誉。四是积极开展培训。为河北省骨干教师培训班和邯郸市骨干教师培训班开展了太极拳培训。面向邯郸地区农村加大培训力度，邯郸市委新农村建设领导小组转发了由我院起草，市委宣传部、农工委、新农村建设领导小组办公室、体育局、文化局、教育局、邯郸学院七个单位联合印发的文件，在邯郸各县市区农村广泛开展"练太极树新风"活动，我院作为具体组织和实施单位，已制定了实施方案，首轮全市500名太极拳骨干辅导员培训班已在我院分批进行培训，即将赴全市农村展开辅导习练。五是制定了太极拳发展规划、专业培养计划和全面加强太极拳文化建设的意见，成立全国高校首家太极学院，开展教学、科研、推广和国际交流工作。

第二，学校具有开展对外汉语教育的优势。一是拥有对外汉语本科专业，师资力量雄厚，生源素质较高。有一名教师赴美国进行为期两年的对外汉语教学志愿服务工作，今年又有12名学生被派到泰国和津巴布韦担任对外汉语教学志愿者。二是积极走出去，请进来。学校成立了出国留学服务中心，已选派多名学生赴国外学习深造。具备招收留学生资格，现已有来自美国、印度、韩国的留学生在校学习，为对外汉语专业学生熟悉西方文化习俗、开展交流提供了便利。三是对外合作交流广泛，分别同英国、美国、澳大利亚、新西兰、西班牙、新加坡、韩国、马来西亚等国家的高校开展了校际交流合作。与国际汉语教师协会、香港国际汉语教师协会、北京人民广播电台及其外语网络电台等建立了合作关系，积极参加"汉语热全球——来华留学高峰论坛"现场访谈等活动，为学生对外交流创造了良好条件。

第三，在太极文化与对外汉语教育相结合、培养走出去的复合型人才方面做了有益的探索。为推进太极文化建设，发挥对外汉语的优势，打造教学和人才培养的平台，几年来，我校在对外汉语、英语、体育等专业学生中系统开展了太极拳教学，大批学生在掌握对外汉语、体育专业知识与技能的同时，还系统掌握了太极拳的拳理、拳法。我们在全校每届学生中择优选拔150人，开办了对外汉语和太极拳教师师资班，系统教授对外汉语知识、英语、中国传统文化知识和杨式、武式、国家规定的太极拳技能，以及太极拳相关理论。我们还成立了全国高校首家太极学院，制订了科学完备的课程体系,将太极拳和对外汉语教学、传统文化学习正式纳入到高等教育学科专业体系之中,使学生既系统掌握太极拳的拳理、拳法和技能,又具备较高的对外汉语教学水平,还能够传授中国传统文化,从而成为传播中华文化的友好使者。

第四,学校太极拳和对外汉语教学条件良好。我校太极拳、对外汉语等相关专业教师145人,其中教授、副教授58人,博士、硕士83人。教学用房15万平方米,多媒体教室座位1万余个,语音室座位740个,教学用微机2435台,运动解剖、生理生化、体育保健等相关实验室、训练场馆30余个,相关专业图书资料6万余册,校园网登陆便捷,为对外汉语、太极拳教学搭建了高智能化的学习、研究、管理平台。拥有配套培训资源2万平方米,另总投资1.2亿元、建筑面积2.34万平米的高标准国际交流中心已经建成即将投入使用。

鉴于我院拥有良好的太极文化和对外汉语教育基础条件,特申请在邯郸学院建立国家级太极文化与汉语教育国际推广基地。基地的主要任务是系统开展太极拳和对外汉语教学、研究、推广、培训,为国外的孔子学院和孔子课堂提供太极拳教学资源,承办国际学生汉语、太极拳夏令营,培养、培训各国太极拳师资,承办全球孔子学院、孔子课堂和汉语教学机构的太极拳教学巡演任务,研发"汉语与太极拳"多媒体系列教材,开展国内外交流等,从而为进一步弘扬中华文化,叫响太极文化品牌,更好地宣传河北,宣传邯郸,提升河北和邯郸在国内外的知名度、影响力做出我们的积极贡献。特请求同意我院申报国家级太极文化和汉语教育国家推广基地并给予大力支持。

当否,请批示。

二〇一〇年十一月十日

中国梦·太极行 >>>

# 邯郸学院文件

政字〔2010〕77号

---

邯郸学院
关于建立国家级太极文化与汉语教育
国际推广基地的请示

省教育厅：

　　太极拳是我国独有、世界公认的修身养性、强身健体、富有中华民族特色的传统体育项目，她承载着中华民族深刻的辩证思维，是武术、医术、导引术、造型术的完美结合。据不完全统计，目前太极拳已经传播到世界150多个国家和地区，全世界习练太极拳的人已近3亿。随着世界格局的变化和我国硬实力的不断增强，解决胡锦涛同志所说的"经济顺差，文化赤字"的问题日益迫切。由于太极拳老少皆宜、简便易学、儒雅大方、内涵丰厚，已和孔子学院对外汉语教育一起，成为中华文化走向世界的最好载体。

　　邯郸是杨式、武式太极拳的发源地，被誉为"太极圣地""中国太极拳之乡"，不仅与太极拳有关的遗迹、名胜、文物众多，而且有许多太极拳大师，活动开展广泛，练习者众多，练太极、研究太极蔚然成风，已连续成功举办邯郸（永年）太极运动大会、太极峰会、太极论坛18次，太极文化底蕴和基础十分厚重，蕴藏着巨大的发展潜力。

　　邯郸学院作为一所新兴的本科院校，既具有太极文化的优势，又具有对外汉语教育教学的优势，在弘扬太极文化、开展对外汉语教育推广方面理应承担起更大的责任。

　　第一，学校拥有得天独厚的太极文化优势。一是拥有杨式、武式太极拳传人，还有一批较高水平的太极拳教学、科研人才和师资队伍，为弘扬太极拳文化打下了队伍基础。二是研究能力较强。学院成立有太极拳研究推广中心，是河北省教育厅命名的"河北省汉语教育国际推广基地",学院开展了学科专业教学和科学研究,申报、立项了多项省市级课题,涌现出一大批科研成果。编创了适合社会各界不同年龄段人群练习的杨式28式太极拳、武式28式太极拳,制作了太极拳示范动作光盘,公开出版了《杨式太极拳简明教程》。三是积极开展太极拳推广普及。我校杨式太极拳第五代传人常关成、武式太极拳第五代传人姚志公和一些教师还多次走出国门,到世界各地开展太极拳推广、交流、研讨活动。选派师生参加国际国内太极拳大赛,获得了多个高级别赛事的金牌和第一名,展示了学校形象,为省市争得了荣誉。把太极拳列入全校学生的必修课,在全体学生中开展了课间操打太极拳活动。学院还多次主办、承办、参加邯郸(永年)太极运动大会、太极峰会、太极论坛等,主持太极文化学院建设论证会,取得良好的社会声誉。四是积极开展培训。为河北省骨干教师培训班和邯郸市骨干教师培训班开展了太极拳培训。面向邯郸地区农村加大培训力度,邯郸市委新农村建设领导小组转发了由我院起草,市委宣传部、农工委、新农村建设领导小组办公室、体育局、文化局、教育局、邯郸学院七个单位联合印发的文件,在邯郸各县市区农村广泛开展"练太极树新风"活动,我院作为具体组织和实施单位,已制定了实施方案,首轮全市500名太极拳骨干辅导员培训班已在我院分批进行培训,即将赴全市农村展开辅导习练。五是制定了太极拳发展规划、专业培养计划和全面加强太极拳文化建设的意见,成立了全国高校首家太极文化学院,开展教学、科研、推广和国际交流工作。

第二,学校具有开展对外汉语教育的优势。一是拥有对外汉语本科专业,师资力量雄厚,生源素质较高,有一名教师赴美国进行为期两年的对外汉语教学志愿服务工作,今年又有12名学生被派到泰国和津巴布韦担任对外汉语教学志愿者。二是积极走出去,请进来。学校成立了出国留学服务中心,已选派多名学生赴国外学习深造。具备招收留学生资格,现已有来自美国、印度、韩国的留学生在校学习,为对外汉语专业学生熟悉西方文化习俗、开展交流提供了便利。三是对外合作交流广泛,分别同英国、美国、澳大利亚、新西兰、西班牙、新加坡、韩国、马来西亚等国家的高校开展了校际交流合作。与国际汉语教师协会、香港国际汉语教师协会、北京人民广播电台及其外语网络电台等建立了合作关系,积极参加北京人民广播电台"汉语热全球——来华留学高峰论坛"现场访谈等活动,为学生对外交流创造了良好条件。

第三,在太极文化与对外汉语教育相结合、培养走出去的复合型人才方面做了有益的探索。为推进太极文化建设,发挥对外汉语的优势,打造教学和人才培养的平台，几年来，我校在对外汉语、英语、体育等专业学生中系统开展了太极拳教学，大批学生在掌握对外汉语、体育专业知识与技能的同时，还系统掌握了太极拳的拳理、拳法。我们在全校每届学生中择优选拔 150 人，开办了对外汉语、英语和太极拳教师师资班，系统教授对外汉语知识、中国传统文化知识、英语教学知识和杨式、武式、国家规定的太极拳技能，以及太极拳相关理论。我们还成立了全国高校首家太极文化学院，制订了科学完备的课程体系，将太极拳和对外汉语教学、英语交流、传统文化学习正式纳入到高等教育学科专业体系之中，使学生既系统掌握太极拳的拳理、拳法和技能，又具备较高的对外汉语教学水平和英语交流能力，还能够传授中国传统文化，从而成为传播中华文化的友好使者。

第四，学校太极拳和对外汉语教学条件良好。我校太极拳、对外汉语等相关专业教师 145 人，其中教授、副教授 58 人、博士、硕士 83 人。教学用房 15 万平方米，多媒体教室座位 7340 个，语音室座位 740 个，教学用微机 1935 台，运动解剖、生理生化、体育保健等相关实验室、训练场馆 30 余个，相关专业图书资料 6 万余册，校园网登陆便捷，为对外汉语、太极拳教学搭建了高智能化的学习、研究、管理平台。拥有配套培训资源 2 万平方米，另总投资 1.2 亿元、建筑面积 2.34 万平米的高标准国际交流中心已经建成即将投入使用。

鉴于我院拥有良好的太极文化和对外汉语教育基础条件，特申请在邯郸学院建立国家级太极文化与汉语教育国际推广基地。基地的主要任务是系统开展太极拳和对外汉语教学、研究、推广、培训，为国外的孔子学院和孔子课堂提供太极拳教学资源，承办国际学生汉语、太极拳夏令营，培养、培训各国太极拳师资，承办全球孔子学院、孔子课堂和汉语教学机构的太极拳教学巡演任务，研发"汉语与太极拳"多媒体系列教材，开展国内外交流等，从而为进一步弘扬中华文化，叫响太极文化品牌，更好地宣传太极文化，提升太极文化和汉语教育在国内外的知名度、影响力做出我们的积极贡献。

当否，请批示。

二〇一〇年十一月十日

# 邯郸学院文件

政字〔2011〕2号

---

## 邯郸学院
## 太极拳国际推广工作院内分工方案

争取到国家汉办项目来之不易，我们必须高度重视、倍加珍惜、全力做好，它事关邯郸学院特色办学成功与否，事关邯郸太极学院生存发展。要把这六个项目列为全院的工作重点，实行主要领导亲自抓、主管领导具体抓、院级班子共同抓，建立举院体制，实行项目人责任制。

### 一、项目及分工

1. 策划、组建太极拳表演团

   项目人：方强

2. 筹建孔子学院、孔子课堂

   项目人：李栋

3. 对外太极拳教学教材（视频、纸质版教材、教材翻译）

   项目人：卢建辉

4. 组织留学生太极拳夏（冬）令营

   项目人：马建华

5. 中国文化体验中心太极拳体验馆方案

   项目人：王志安

6. 组织孔子学院、孔子课堂的中外籍教师太极拳培训

   项目人：崔献军

7. 2011年度太极拳方向招生

   项目人：赵新生

8. 太极拳文化产品开发

项目人：方强

**二、总体要求**

1. 项目人全权负责。项目人务于 1 月 10 日前提出工作方案报经主要领导后实施。

2. 项目所有涉及的单位和个人都要全力支持、配合项目人的工作。

3. 学院将加强调度和督察以确保项目的进度和质量。

4. 学院将根据各项目人完成工作的情况给予相应的表彰、奖励。

2011 年 1 月 8 日

主题词：太极拳　国际推广　分工方案

送：党委书记、院长，党委副书记、纪委书记，副院长

发：相关单位

邯郸学院党政办公室　　　　　　　　　　2011 年 1 月 8 日

（共印 25 份）

# 邯郸学院文件

政字〔2011〕20号

---

## 邯郸学院
## 关于推进太极拳文化建设九大项目的批复

今年1月8日学校以行政文件形式下发了《邯郸学院太极拳国际推广工作院内分工方案》（政字〔2011〕2号），将与国家汉办合作的太极拳文化项目，作为工作任务分解到有关院系和部门，实行了项目人责任制。按照文件要求，各项目责任人提交了工作方案，各工作方案目标明确，措施有力，有较强的可行性，经研究，原则同意"组建太极拳表演团"等九个工作方案，希望认真抓好落实，边推进边完善，高标准、高质量完成所承担的项目任务。现就各项目的完成时间、标准及有关事项批复如下。

**一、项目及标准**

1. 组建太极拳表演团

（1）项目人：方强

（2）完成时间：2011年6月30日

（3）完成标准：组建成立太极拳艺术表演团，并组织训练；能够达到"走出去"（国外、省外、市外、校外）表演等能力，能够表演一台40分钟太极拳节目。

2. 筹建孔子学院、孔子课堂

（1）项目人：李栋

（2）完成时间：2011年12月31日

（3）完成标准：2011年底和中国国际广播电台合作，在国外开设一所富有太极文化特色的孔子学院或孔子课堂。

3. 对外太极拳教学教材（视频、纸质版教材、教材翻译）

（1）项目人：卢建辉

（2）完成时间：2011年12月31日

（3）完成标准：完成40集海外太极拳宣传教学片的拍摄任务。完成制作精良、适合海外太极拳教学的教材。

教材的中英文翻译由外国语学院协助完成。

4. 组织留学生太极拳夏（冬）令营

（1）项目人：马建华

（2）完成时间：2011年6月30日

（3）完成标准：根据短期、中期、学员的情况，具备留学生太极拳教学、观光、学习中国传统文化的条件。

5. 中国文化体验中心太极拳体验馆方案

（1）项目人：王志安

（2）完成时间：2011年6月30日

（3）完成标准：为国家汉办实验中心提供音频、视频、图片和文字等多种形式体验中国太极文化的方案。

6. 组织孔子学院、孔子课堂的中外籍教师太极拳培训

（1）项目人：崔献军

（2）完成时间：2011年6月30日

（3）完成标准：能够随时为孔子学院、孔子课堂教师提供太极拳及汉语教学培训。

7. 2011年太极拳方向招生

（1）项目人：赵新生

（2）完成时间：2011年6月30日

（3）完成标准：完成培养计划、课程建设、论证报告等文件，具备太极拳方向招生的条件。

8. 太极拳文化产品开发

（1）项目人：方强

（2）完成时间：2011年12月31日

（3）完成标准：制作出一批高质量、高标准、具有鲜明特色的太极拳文化产品。

9. 建设太极拳网络平台

（1）项目人：王保民

（2）完成时间：2011年5月1日

（3）完成标准：筹建好图文并茂、内容丰富、信息量大的太极拳网络平台。

## 二、几点要求

1. **明确意义**。国家汉办委托邯郸学院的六个项目九大任务，事关邯郸学院特色办学的兴衰，我们要遵循"心"文化理念，用心理解项目、用心创新思路、用心攻克难关、用心争创一流、用心实现目标。

2. **明确体制**。太极拳由社会传承到高校传承是前所未有的全新课题，没有现成的经验可遵循，我们必须树立开放创新理念，建立全院攻关体制，举全院之力攻克难关。

3. **明确责任**。项目人负全责，合理安排各项工作，具体任务要落实到人头，定期汇报工作进展情况。

4. **明确标准**。要树立干就干成、干就干好、事争一流的理念，把各项任务做到省级一流、国家一流。

5. **明确时限**：严格按照时间节点，高标准、高质量完成。

## 三、推进措施

1. 学院组织人员督促和检查各项目完成情况，各项目相关人员应给予大力协助和支持。

2. 对完成好的项目学院给予相应的表彰、奖励，列入年终考核，作为重要指标。

3. 对工作任务没有实质性进展的单位和个人给予问责。

2011 年 4 月 13 日

---

**主题词：** 太极拳　项目　批复

送：党委书记、院长，党委副书记、纪委书记，副院长

发：相关单位

邯郸学院党政办公室　　　　　　2011 年 4 月 13 日

（共印 10 份）

中国梦·太极行 >>>

# 邯郸学院文件

政字〔2011〕24 号

邯郸学院
关于在体育教育专业中开办太极拳文化方向的申请

**省教育厅高等教育处：**

邯郸是杨式、武式太极拳的发源地，被誉为"太极拳圣地"。我院作为地处邯郸的唯一地方本科院校，把传承太极拳这种中华优秀传统文化作为自己责无旁贷的历史使命，挑起了高校传承弘扬太极拳文化的重任，把太极拳文化建设作为我院的办学特色。学校拥有得天独厚的太极拳文化优势，拥有杨式、武式太极拳传人，还有一批较高水平的太极拳教学、科研人才和师资队伍，为弘扬太极拳文化打下了队伍基础。近几年来在我院普及了太极拳，实现了在校生人人会打太极拳；把杨式太极拳作为体育教育专业的必修课和专项选修课，编写了太极拳相关教材，培养了一批具有太极拳文化专长的体育人才；在对外汉语专业等5个专业开展了太极拳特色教学，培养出具有一般太极拳技能和理论特长相关专业人才；成立了太极拳文化研究中心，取得了一批科研成果；积极以太极拳服务社会，为社会培养了大批太极拳辅导员；于2009年6月被省文化厅批准为河北省非物质文化遗产传播基地，2010年11月10日被省教育厅批准为河北省汉语教育国际推广基地，2010年12月22日被邯郸市文广新局批准为邯郸太极文化国际交流推广培训基地，2011年1月14日被邯郸市体育局批准为邯郸太极拳国际培训交流科研推广基地；2010年11月17日与国家汉办达成了向国外孔子学院派遣太极拳教师、制作适合国外教学需要的太极拳教材、培训孔子学院中的外籍教师、编纂适合孔子学院教学的外语太极拳系列教材、联合建立太极拳文化体验中心、筹建太极拳出国表演团等6项合作协议；与中国国际广播电台达成合作协议，利用其海外6种媒体、64种语言宣传邯郸学院和太极拳文化，联合摄制太极拳百集海外视频教学宣传片，将以9种语言向世界播出，并作为国外

600多所孔子学院和孔子课堂太极拳教学的教材。

  为了更好地传承弘扬太极拳文化，真正实现太极拳文化由民间传承向高校传承的转变，太极拳文化的学科化、专业化是必由之路。经过我院多年的探索和积累，我们已经具备了开展太极拳文化专业化教育的条件，现申请在体育教育专业中开办太极拳文化方向，学制四年，毕业授予体育教育专业毕业证书和教育学学士学位。

  当否，请批示。

  附：申报材料附件

邯郸学院

2011年4月

# 邯郸学院文件

政字〔2011〕31号

## 邯郸学院
## 关于加强太极拳文化特色教学的意见

太极拳是中华民族优秀传统文化和邯郸地方特色文化，是我院着力打造的办学特色。为了进一步推动太极拳在我院的深入普及，促进太极拳专业化、学科化建设，大力度培养具有较高太极拳水平和太极拳文化修养的综合素质人才。经过学院党委和行政研究决定加强太极拳特色专业和专业特色建设，由邯郸太极文化学院和邯郸学院教务处牵头实施。

一、所有本专科专业，在第一学期公共体育课中开设太极拳文化必修课，全面推广二十八式杨式太极拳，由体育学院负责。

二、坚持开展课间操打太极拳活动。增进健康，提高师生的太极拳水平，培养太极拳健身的习惯、意识，营造校园太极拳文化氛围，由学工部、体育学院负责。

三、申办太极拳文化（暂定）专业，认真扎实做好前期准备工作，争取明年招生，由邯郸太极文化学院和邯郸学院教务处负责。

四、2011年，开始在体育学院社会体育专业（或体育教育专业）中开设太极拳文化方向，将该方向教学作为一个专业来建设，由邯郸太极文化学院和体育学院负责。

五、在对外汉语专业增加太极拳特色系列课程教学，着力培养培具有一定太极拳技能和理论知识、能够在海外从事一般太极拳教学的对外汉语教师，由中文系负责。

六、在英语教育专业开设太极拳特色课程，培养具有一定太极拳技能和理论知识、具有在海外从事一般太极拳教学和熟练进行太极拳翻译工作的人才，由外国语学院负责。

七、在旅游专业开设太极拳特色课程，培养具有一定太极拳技能和理论知识太极拳旅游开发、策划、管理、导游专业人才，由地理与旅游系负责。

八、在音乐学专业舞蹈方向开设太极拳特色课程，培养具有一定太极拳技能和理论知识，能够从事太极拳艺术创作的人才，由艺术与传媒学院负责。

九、为提高我院太极拳的竞技水平，培养有较高竞技水平的太极拳运动员，带动学院太极拳运动的普及，为我院争得荣誉，提高我院的知名度，成立邯郸学院太极拳运动代表队，分别组建传统杨式、武式和国家规定套路三个运动队，担负代表我校参加有关的太极拳比赛和表演，并探索在高校培养传统太极拳传人的新模式。由太极文化学院负责。

十、成立大学生太极拳协会或社团组织，培养太极拳骨干，鼓励学生结合本专业开展太极拳研究和各种形式的太极拳实践活动，由学校团委负责。

十一、加强太极拳双师型教师培养，在全体教职工中开展"人人会打、会讲、会教太极拳活动"，每个教学单位都要逐步培养自己的太极拳教师，根据学院有关规定，纳入双师型教师队伍的建设，由学院工会和人事处负责。

十二、积极进行太极拳教材研发，编写中外文太极拳教科书和讲义，由邯郸太极文化学院和外国语学院负责。

十三、开展面向全院的太极文化与太极拳辅导员资质培训活动。

2011 年 5 月 3 日

主题词：太极拳文化　特色教学　意见
送：党委书记、院长，党委副书记、纪委书记，副院长
发：相关单位
邯郸学院党政办公室　　　　　　　　　　2011 年 5 月 3 日
（共印 20 份）

# 邯郸学院文件

政字〔2011〕74号

邯郸学院
关于体育教育（太极拳）专业的暂行管理办法

根据2011年7月5日院党委批准的《关于体育教育（太极拳）专业教育教学管理的意见》，为了理顺各方关系、明确工作责任、提高管理效果、确保培养质量、实现培养目标，特制定本暂行管理办法。

1. 太极文化学院和体育学院共同成立体育教育（太极拳）专业管理领导小组，在邯郸学院太极文化建设党工委直接领导下，负责体育教育（太极拳）专业的人才培养，全面领导体育教育（太极拳）专业教育教学管理、人事和经费管理。

2. 组建太极拳系，归属体育学院，由体育教育（太极拳）专业管理领导小组直接领导，具体负责体育教育（太极拳）专业的教育教学管理。太极拳系设主任1名，副主任1名，辅导员2名，体育教育（太极拳）专业管理领导小组选聘。体育学院太极拳系的办公、教学经费和人员编制实施计划单列，列在邯郸太极文化学院名下，由体育教育（太极拳）专业管理领导小组负责审批。

3. 体育教育（太极拳）专业的教学管理工作，分别由太极文化学院和体育学院具体实施。

（1）太极文化学院负责培养计划和教学计划的制定、选聘专业课程和特色课程教师、组织专业课程教材的编写和选用、专业课教学研讨和管理、专业课程的教学监控等。

（2）体育学院负责通识课程和专业基础课程的安排，负责太极拳系的日常教务管理，对接学院教务处的各项工作，如统一安排课程表、考试管理、成绩管理、重修管理、调停课管理、各项数据材料上报等。

4. 体育教育（太极拳）专业的学生学籍及学生日常管理纳入体育学院的日常管

理。按体育学院目前管理模式由体育学院分管学生工作的副院长直接对口太极拳系的辅导员。太极拳系下设杨式太极拳教学班和武式太极拳教学班，实施四年全过程的业余训练制度，每班配备一名热爱太极拳的年轻教师，既作为政治辅导员，又作为技术陪练员。

5. 专业课程教学实行聘用制，面向校内外聘用高水平专家型、双师型教师。专业技能课程教学实行主教练负责制，组成由主教练负责的教练组，人数2-3人，每个教练组负责学生4年主要专业技能课程的教学，保证学生的太极拳技术水平全部达到国家武术3段以上段位，其中三分之一的学生达到4段。学生管理实行辅导员导学负责制，四年期间与学生同学、同练、同生活，既关心学生生活、又要指导学生的政治思想、引导学生学习，使学生逐渐成长为太极拳专业教师。

6. 学生活动经费由体育学院统一管理和使用。教练员、辅导员津贴及教学、训练等费用由太极学院按学期单列计划，经学校同意后专款专用。

附：体育教育（太极拳）专业管理领导小组成员及分工

主题词：太极拳　专业　管理　办法

送：党委书记、院长，党委副书记、纪委书记，副院长

发：相关单位

邯郸学院党政办公室　　　　　　　　　　　　2011年8月31日

（共印20份）

附件：

## 体育教育（太极拳）专业管理领导小组成员及分工

一、组长：段玉铭

分工：主持工作，负全面责任。

二、副组长：郭振兴、董启林

分工：协助组长工作，负责日常工作的管理和落实，分别负责协调太极文化学院和体育学院的工作。

三、成员

（1）马建华

分工：协助副组长各项日常管理工作。

（2）韩志磊

分工：负责体育学院方面教育教学管理工作的实施。

（3）卢建辉

分工：负责太极文化学院方面教育教学管理工作的实施。

# 邯郸学院文件

政字〔2011〕114号

## 邯郸学院
## 关于加强太极拳专业师资队伍建设的意见

为贯彻落实党的十七届六中全会精神，打造我院太极文化办学特色，满足太极拳文化建设、教学、科研、培训、推广工作发展的需要，推动我院太极文化事业更好、更快地发展，经过充分研究论证，就关于加强太极拳师资队伍建设提出以下几点意见。

**一、太极拳专业师资队伍建设的紧迫性和重要性**

太极拳师资队伍是太极拳与太极文化专业的生命线，其决定着太极拳专业的前途命运，必须高度重视，摆在专业建设的首位。我院太极拳特色办学方兴未艾、任重道远，太极拳专业建设刚刚起步，太极拳技能教师数量不足，高水平太极拳理论教师和科研人才数量不足。太极拳专业师资与太极拳专业发展的需要不适应，现有师资既不能满足一般教学的需要，也不能满足校内外的太极拳培训的需要，更不能满足太极拳理论研究的需要。师资队伍现状已成为制约我院太极拳文化事业发展的瓶颈。建设一支结构合理、教学水平高、科研能力强的太极拳专业师资队伍迫在眉睫，对于推动我院太极文化事业健康快速发展具有重要的现实意义和长远的战略意义。

**二、太极拳专业师资队伍"十二五"建设目标**

"十二五"是建设文化强国的重要历史时期，是我院走特色之路、建地方名校的关键机遇期，必须建设一支高水平、高素质、高技能的太极拳师资队伍，以支撑我院太极拳特色办学之战略。"十二五"期间我院师资队伍建设的内容和目标是：

1. 到"十二五"末太极拳专业教师达到10-15人，硕士及以上学位比例达到80%以上。其中：太极拳专业理论教师6-8人，全部具有博士或硕士学位，有较强的太极拳科研水平；杨式和武式太极拳技能专业教师各4-6人，多数具有硕士及以上学位，具有较高的太极拳技能和教学水平，具有一定的太极拳科研能力。

2. 聘用常年教学的专家、太极拳名家4-6人以弥补现有师资的不足。

**三、太极拳专业师资队伍建设任务**

（一）太极拳理论教师队伍的建设

1. 引进体育哲学、民族传统体育方向的博士和硕士研究生。在2012－2015年期间每年引进1－3名。

2. 选派我院相关专业的优秀教师到上海体育学院、北京体育大学等专业龙头高校进修体育哲学、民族传统体育等专业。

3. 引进相关太极拳理论的课程。根据专业教学进度每年要引进1－3门全国优质课程。拟重点引进中国古代哲学、中国传统文化、中医学基础、按摩推拿、武术理论基础等课程。

4. 外聘相关专家、学者兼职我院太极拳专业教学、科研和指导工作。

（二）太极拳技能教师队伍建设

1. 从重点高校引进太极拳方向的硕士研究生。

2. 争取政策，破格引进具有较高太极拳技能和教学水平的本科生。

3. 立足我院自主培养。在我院范围内选拔具有太极拳兴趣和潜力的教师（专业不限），本着双方自愿、双向选择的原则，由院内的太极拳传人培训杨式和武式各3－5人，2011年起每年要举办一期为期一年的培训班，学校给予培训补助。

4. 外聘相关太极拳名家从事太极拳专业技能的教学与指导。

**四、太极拳专业师资队伍建设保障措施**

1. 把太极拳专业师资队伍建设列入全院发展规划的重点内容。列入相关处室、院（系）年度工作计划。

2. 列入院党委、行政的重要议事日程，定期不定期研究、解决太极拳专业师资队伍建设困难和问题，确保实现目标。

3. 根据太极拳师资队伍建设的需要，制定人员、场地、教师、基础设施的特殊政策，资金投入予以优先保障，确保目标实现。

4. 对负有太极拳专业师资队伍建设任务的单位进行年度考核，实施评价奖惩措施。

二〇一一年十二月二十三日

**主题词：** 太极拳专业　师资队伍建设　意见

送：党委书记、院长，党委副书记、纪委书记，副院长

发：各二级学院、（系部）、相关处室

邯郸学院党政办公室　　　　　　　　　　2011年12月23日

（共印20份）

# 邯郸学院文件

政字〔2012〕15 号

---

## 邯郸学院
## 关于做好 2012 年太极拳文化建设工作的意见

2010 年,以《邯郸学院关于全面加强太极拳文化建设的意见》的制定、太极文化建设领导小组和全国首家太极文化学院的成立为标志,确立了推进太极文化建设作为学院办学特色。2011 年太极文化建设工作有声有色、有板有眼,在高端合作和专业建设方面有突破性进展,"太极拳科学化传承、太极拳国际化传播"的各项工作逐渐步入快速发展的轨道。在太极文化发展中要坚持"把握方向、健康发展"的方针,2012 年的工作要遵循"内外兼顾、以内为主"的思路,抓好抓实内涵建设,要在四个主要方面实现突破。经研究,对做好 2012 年太极拳文化建设工作提出如下意见。

**一、2012 年要在四方面实现突破**

(一)推进高端合作,建设协作平台

1. 深化与国际台战略合作,实现深化具体项目突破。高质量完成《嗨!太极》宣传教学纪录电影的拍摄,确保播出,争取获奖。

2. 深入融入孔子学院,实现走出去的突破。我院在塞内加尔开设太极拳特色孔子学院挂牌。在人员、教材、教学体系、管理体系等方面加强建设,办出特色,培养海外办学人才,积累海外办学经验。

3. 邀请孔子学院外方负责人访问我院,实现请进来的突破。以国际台 11 所孔子课堂的外方负责人为首选,邀请孔子学院负责人来访,力争促成其 2012 年来我院访问。

4. 基地建设实现国家级基地的突破,争取国家汉办授予基地的突破,争取获得国家武管中心的基地以及教学科研合作。

5. 打造河北省太极拳协会平台,开拓省内发展空间,在整合省内太极资源方面有突破。召开河北省太极拳协会成立大会，以"135"的思路推动太极文化走进国企、走进机关、走进农村、走进社区、走进中小学。以河北省太极拳协会为平台，争取河北省国资委、河北省总工会、河北省农工部的支持，作为民生工程共同发起在国企、各级工会、广大农村推进太极拳与太极文化推广普及，惠及民众，为我院太极文化建设开拓省内发展空间。

6. 加强与台湾太极拳界的联合联谊，实现太极拳两岸联谊会突破。

7. 以河北省太极拳协会筹建为契机，实现举办太极文化论坛突破。广揽太极文化界精英聚集邯郸学院共谋太极伟业。

(二) 抓实专业建设，搞好各类培训

1. 向教育部申办太极拳与太极拳文化专业实现新突破。同时加大力度多方面协作把体育教育（太极拳）专业建设好。

2. 师资队伍建设突破。引进专业人才，自我培养太极拳教师，满足目前教学需要，储备未来教学需要。

3. 教材建设新突破。翻译出版多种语言太极拳教材。以1－4段太极拳段位教材为蓝本，完成汉语、英语、日语、韩语、法语、西班牙语六种版本的开发，争取国家汉办、国际台在孔子学院（孔子课堂）推广。

4. 教学场地建设实现突破。开辟能够满足太极拳教学培训需要的室内和室外专用场地（馆）。

5. 太极拳表演团建设实现新突破。以太极拳专业为基础，其他专业配合，建设2－3个不同风格的表演团，2012年能够出访表演。

6. 太极拳网站建设突破。配备人员，加强建设，2012年太极大业网建设步入正轨，力争纳入孔子学院总部网络孔子课堂体系建设中去，逐渐成太极拳知识高地。

7. 太极拳专业学生英语教学改革新突破。使学生能够学下去、掌握住、会运用。

8. 中国武术段位制考评机构资质突破。进行人才储备、完成赵幼斌、钟振山工作室建设，联系国家武术运动管理中心和国家武术协会，争取2012年申办成功。

9. 实现对外培训的新突破，力争2012年达到培训200人的规模。

10. 校内资质班建设新突破。2012年首先为外派教师服务，搞1－2期对外太极拳教师资质班培训，培养一批能够走向世界的太极拳师资。

(三) 做好科研项目，推进产业开发

1. 邯郸市科技局重点项目有新进展。

2. 评审一批科研项目，出5项以上的科研成果。

3. 邯郸学院特色太极拳文化纪念品的设计开发有所突破。

（四）改革管理体制，理顺建设机制

1. 优化完善组织体系和运行体系突破。实行部门目标责任制，部门落实、人员落实、任务落实、标准落实、时间落实，真正实现举院体制，步入规范、有效运行。

2. 内部管理突破。理顺内部机构及其各自职责，加强制度建设。逐步建设一支专职精干、兼职投入的高素质管理团队。

## 二、当前抓紧做好27件事

（一）高端合作

1. 与国际台共同举办一次战略合作协议年度座谈会，汇报我方工作，总结今年工作，规划明年合作项目。由我方先起草一个方案。

负责单位：外事办、太极文化学院

2. 向国家汉办汇报工作。

负责单位：外事办、太极文化学院

3. 向省市太极拳基地批复单位汇报工作，争取更大的支持。

负责单位：太极文化学院

4. 与河北省广电局签约，争取资金到位。

负责单位：太极文化学院

5. 做好太极拳与太极拳文化专业申报工作，与教育厅和教育部有关人员对接。

负责单位：教务处、太极文化学院

6. 太极拳文化产业项目包装，争取2012年获得省委宣传部文化产业奖励。

负责单位：宣传部、太极文化学院

7. 6国孔子课堂教师来我院接受太极拳培训方案，2国孔子课堂教师来我院接受培训方案，积极推进尼泊尔青年和体育部长访问我院。

负责单位：外事办

（二）对外宣传

1. 在全院师生中征集邯郸太极文化学院的LOGO。

负责单位：宣传部、艺术与传媒学院、学工部、团委

2. 太极拳宣传画册的完善与再版。

负责单位：宣传部

3. 学院太极拳宣传光盘的修改、录制。

负责单位：宣传部、信息工程实验实训中心

4. 邯郸学院太极拳文化氛围规划方案。

负责单位：宣传部

5. 邯郸学院太极拳文化纪念品的设计开发，近期有成品。

负责单位：艺术与传媒学院

6. 组建太极拳表演团，近期拿出方案，2012年能够表演。

负责单位：太极文化学院、艺术与传媒学院

7. 太极拳网站建设，近期完成具体建设实施方案，纳入孔子学院总部网络孔子课堂体系建设中去，确保2012年上半年开通。

负责单位：电子信息实验实训中心、太极文化学院

8. 太极拳翻译人才的培训和储备，近期拿出方案，2012年能够完成翻译任务。

负责单位：外国语学院、太极文化学院

（三）太极拳专业建设与人才培训

1. 太极拳技能教师的内部培训，近期拿出方案，明年实施。

负责单位：太极文化学院

2. 太极拳教材翻译出版，尽快出版英文版，及时开始法语、西语、日语和韩语的翻译工作。

负责单位：太极文化学院、外国语学院

3. 太极拳教学、训练、体验馆改建。逸夫楼中央红楼一层空间的改造，体育场西侧小树林室外场地的改建。近期拿出改建方案和规划，假期开始施工。

负责单位：发展规划处、太极文化学院

4. 体育教育（太极拳）专业明年招生，向河北省招办争取在学生加试体育专业素质时加试武术或武术基本功内容。

负责单位：学工部

5. 做好太极拳专业中专班筹建工作，拿出方案，向教育局申请，力争明年招生。

负责单位：学工部、教务处、太极文化学院

6. 做好对外汉语专业、外语专业、舞蹈专业、旅游管理专业的太极拳专业特色建设，在新修订的培养方案中设计好太极拳相关课程。

负责单位：教务处、中文系、艺术与传媒学院、外国语学院、地理与旅游系。

7. 做好太极拳专业学生英语教学改革工作，近期拿出改革方案，寒假备课，明年开学实施。

负责单位：外国语学院、教务处

8. 筹建赵幼斌、钟振山太极拳工作室作,制定方案和协议,争取2012年上半年落实。

负责单位:太极文化学院

9. 做好太极拳对外教师资质班培训方案,本学期放假前举行动员大会,明年开学一定开班。

负责单位:太极文化学院

10. 与国际台环球购物频道对接,在国内联合开办太极拳培训班事宜。由我方测算出基本费用,与旅行社合作。

负责单位:地理与旅游系、太极文化学院

11. 做好体育教育(太极拳)专业管理工作,理顺管理程序,落实管理责任,确保首届专业班成为典范。

负责单位:太极拳党工委、太极文化学院、体育学院

12. 做好太极拳文化资料室建设,在图书馆专门开辟一个场地或区域,陈列太极拳文化相关的书籍和期刊。近期拿出建设规划,2012年上半年确保完成。

负责单位:图书馆

### 三、保障措施

1. 明确责任,项目人负全责,合理安排各项工作,具体任务要落实到人头,定期汇报工作进展情况。

2. 学院组织人员督促和检查各项完成情况,各项目相关人员应给予大力协助和支持。

3. 本学期末对各项目进行验收,对完成好的项目学院给予相应的表彰、奖励。年终作为各部门考核重要指标。

4. 对工作任务没有实质性进展的单位和个人给予问责。

二〇一二年三月二十三日

**主题词:** 太极拳　文化建设　意见

送:党委书记、院长,党委副书记、纪委书记,副院长

发:相关单位

邯郸学院党政办公室　　　　　　　　　　2012年3月23日

(共印20份)

中国梦·太极行 >>>

# 邯郸学院办公室文件

办字〔2011〕7号

邯郸学院党政办公室　　　　　　　　　　　　2011年5月3日

## 邯郸学院党政办公室
## 关于印发中国汉语国际推广邯郸太极拳基地揭牌仪式任务分解推进督办日程表及太极拳项目建设推进督办日程表的通知

有关处室、院系部、单位：

近年来，我院持续开展了太极文化建设工作，已经取得了重要而显著的阶段性成果，分别被省教育厅、市文广新局、体育局、教育局批准为太极拳国际交流推广培训基地，省文化厅、体育局基地正在批复中，国家汉办已原则同意批准我院为"中国汉语国际推广邯郸太极拳基地"，并将于近期在我院举行揭牌仪式。为把各项基地建设工作落到实处，进一步推动我院太极文化建设，形成特色，打造品牌，推向国际，在此前对各项筹备工作进行明确分工的基础上，现对揭牌仪式和太极拳项目建设各项任务做进一步分解，并制定督办日程表，要求有关单位和负责人高度重视，明确责任，精心组织，切实按要求落实到位，期间学院主要领导、主管领导、太极党工委、太极文化学院、学院党政办公室将逐一调度、督办，确保各项任务如期高质量完成，确保揭牌仪式圆满成功。

2011年5月3日

附：

1. 中国汉语国际推广邯郸太极拳基地揭牌仪式任务分解推进督办日程表
2. 太极拳项目建设推进督办日程表

附件 1

中国汉语国际推广邯郸太极拳基地揭牌仪式任务分解推进督办日程表

总负责：王韩锁、杨金廷　　　　　　　　　　　　　　　　　　　　　　　　　　　2011 年 4 月 29 日

| 序号 | 工作任务 | 工作标准 | 时限要求 | 责任部门 | 责任人 | 负责领导 |
|---|---|---|---|---|---|---|
| 1 | 国家汉办基地批件联系，"五一"节后再次拜访，动员一切资源力促早日获取批文； | 争取 5 月 20 日前获批 | 太极文化学院 | 太极文化学院 | 董海林 段玉铭 | 董海林 段玉铭 |
| 2 | 省文化厅、体育局基批件 | "五一"节后专程赴省汇报 | 5 月 20 日前获批 | 党政办公室 | 王红升 | 董海林 段玉铭 |
| 3 | 揭牌仪式整体草案 | 领导机构；接待方案、会务议程安排；车辆安排、相关对接； | 5 月 10 日提交整体草案 | 党政办公室 | 邢保良 李栋 | 董海林 段玉铭 |
| 4 | 与国际合战略合作协议文本 | 加强沟通，报请领导，双方相互认定，具备签署条件； | 5 月 10 日前确定 | 太极文化学院 | 卢建辉 | 段玉铭 |
| 5 | 首届太极文化峰会主件《太极文化发展规划》、《培养方案》，峰会议程方案、主旨演讲稿，等 | 分别向校内专家和校外专家征求意见，进一步修改完善提交党委研究； | 1.5 月初召开校内专家座谈会征求意见；2.5 月 10 日前完成校外专家征求意见（方式酌定）；3.5 月 15 日提交建议稿 | 党政办公室 科研处 教务处 太极文化学院 | 王红升 王永芹 卢建辉 | 段玉铭 郭振兴 |

续表

| 序号 | 工作任务 | 工作标准 | 时限要求 | 责任部门 | 责任人 | 负责领导 |
|---|---|---|---|---|---|---|
| 6 | "诗境邯郸"文艺演出 | 抓紧编创排练，按实际规模演练，做好服装、舞蹈、配乐等合练效果； | 1.5月3日前提交演出排练方案；<br>2.5月14日第一次彩排；<br>3.仪式前第二次彩排； | 科研处<br>艺术传媒学院 | 王丽萍<br>方 强 | 董海林 |
| 7 | "太极神韵"汇报表演 | 利用晨练、大课间和课外活动时间加强练习，辅导效果，压死任务，保证合练效果； | 1.4月29日出台训练方案；<br>2.5月15日整体合练； | 太极文化学院<br>艺术传媒学院 | 马建华<br>方 强 | 郭振兴 |
| 8 | 太极文化汇展 | 分块征集作品，整体谋划展厅，构思展览形式，丰富展示内容，力求汇展效果； | 1.5月3日提交整体设计方案和预算计划；<br>2.5月15日完成作品收集；<br>3.5月20日前完成布展； | 学工部<br>团委<br>艺术传媒学院<br>信息工程学院 | 徐建民<br>方 强<br>王志安 | 鲁书月 |
| 9 | 宣传片拍摄、宣传报道 | 宣传片拍摄细化方案，精心组织，提高站位标准，借助外力，保证效果；<br>太极3D展示片制作；<br>制定宣传报道方案，确定邀请新闻媒体，准备相应通稿，用好网络平台； | 1.即日实施拍摄，剪辑和制作工作，邀请高水平制作班子配合初创，务于仪式前完成制作，主要领导、主管领导审片；<br>2.5月10日补充完善宣传报道方案和拟邀媒体名单；<br>3.5月15日前完成报道通稿上会研究； | 宣传部<br>信息工程学院<br>发展规划处<br>邯郸文化研究所<br>影视中心 | 杜良贤<br>王志安<br>张英良<br>李广<br>杨彦领 | 董海林 |
| 10 | 与会人员市内考察 | 联络相关景点和有关单位及借用车辆等； | 1.5月10日前提交考察方案；<br>2.确定借用车辆方案； | 党政办公室<br>影视中心 | 邢保良<br>杨彦领 | 吴长增 |

80

续表

| 序号 | 工作任务 | 工作标准 | 时限要求 | 责任部门 | 责任人 | 负责领导 |
|---|---|---|---|---|---|---|
| 11 | 校容校貌整治 | 全面动员，搞好卫生，整治环境，修旧换新，绿化美化亮化，行为文明，保持长效； | 1. 5月5日分别提交整改方案；<br>2. 5月3日提交电子屏安装方案和预算，5月20日前安装完毕；<br>3. 每周一检查汇总，反馈整改意见； | 后勤管理处<br>发展规划处<br>保卫处<br>学工部<br>团委 | 连志军<br>张英良<br>张宝军<br>徐建民 | 董海林<br>曹贵宝 |
| 12 | 安全保卫 | 校园安全稳定，周边环境良好，机动车、自行车进出井然，摆放有序，执勤文明礼貌，积极排查安全隐患，避免发生影响稳定的事件； | 1. 5月5日提交整治方案；<br>2. 5月15日校园秩序有明显好转；<br>3. 加强巡逻和执勤，维护安全稳定的校园秩序； | 保卫处 | 张宝军 | 郭振兴 |

81

附件2：

## 太极拳项目建设推进督办日程表

2011年4月29日

| 序号 | 项目名称 | 完成时间 | 工作内容 | 完成目标与标准 | 项目责任人 |
|---|---|---|---|---|---|
| 一 | 太极拳表演团 | 5月15日 | 太极拳基本节目排练 | 一台40分钟太极拳表演节目，能够达到"走出去"（国外、省外、市外、校外）表演能力，能够成为国家领导人出访的演出节目。 | 方 强 |
| | | 5月中旬 | 揭牌仪式演出 | | |
| | | 5月27日 | 完整节目方案、排练方案 | | |
| | | 7月1日 | 完整节目演出基本定型 | | |
| | | 9月中旬 | 完整节目演出 | | |
| | | 10月 | 随教育厅出访欧洲演出（计划） | | |
| 二 | 一所以上孔子学院（孔子课堂）挂牌 | 5月10日 | 筹建方案 | 2011年底和国际合合作，在国外开设一所以上富有太极文化特色的孔子学院或孔子课堂。 | 李 栋 |
| | | 5月中下旬 | 与国际合签署协议 | | |
| | | 5月27日 | 与国际合对接 | | |
| | | 7月1日 | 校内具备各方面条件 | | |
| | | 暑期 | 考察调研 | | |
| | | 10月1日 | 向国家汉办申办 | | |
| | | 12月31日 | 海外孔子学院挂牌 | | |

续表

| 序号 | 项目名称 | 完成时间 | 工作内容 | 完成目标与标准 | 项目责任人 |
|---|---|---|---|---|---|
| 三 | 对外太极拳教材建设 | | | | |
| | 1. 百集太极拳宣传教学片 | 5月中下旬 | 敲定文学稿 | 前期完成40集海外太极拳宣传教学片的拍摄任务。适用于外国人和外行领略太极文化、学习太极拳。 | 卢建辉 |
| | | 7月 | 样片拍摄 | | |
| | | 暑期 | 拿到国家汉办项目 | | |
| | | 8月 | 完成全部前期准备 | | |
| | | 10月 | 拍摄完毕 | | |
| | | 12月 | 完成后期 | | |
| | | 12月30日 | 发行 | | |
| | 2. 太极拳教材、讲义的翻译 | 5月10日 | 组建翻译团队,制定翻译工作方案 | 适合设有太极拳基础的外国人阅读、学习。 | 魏晓红 |
| | | 6月3日 | 《太极拳讲义》翻译初稿完成 | | |
| | | 7月1日 | 《太极拳讲义》翻译定稿 | | |
| | | 7月1日 | 《太极拳教程》翻译初稿完成 | | |
| | | 暑期 | 完成校对 | | |
| | | 9月30日 | 《太极拳教程》翻译定稿、口语训练 | | |
| 四 | 组织太极拳夏令营 | 5月10日 | 完成夏令营组织方案 | 根据短期、中期、学员的情况,具备留学生太极教学、观光、学习中国传统文化的条件。举办好有特色、有影响,双方都满意的太极拳夏令营。 | 马建华 |
| | | 6月3日 | 招生宣传 | | |
| | | 6月3日 | 与教育厅、国家汉办对接留学生事宜 | | |
| | | 7月1日 | 开营准备,做好各种接待准备工作 | | |
| | | 7月10日 | 开营 | | |

续表

| 序号 | 项目名称 | | 完成时间 | 工作内容 | 完成目标与标准 | 项目责任人 |
|---|---|---|---|---|---|---|
| 五 | 中国文化体验中心太极拳体验馆方案 | | 5月10日 | 工作方案 | 为国家汉办实验中心提供多种形式体验中国太极文化的设计方案。具有鲜明的邯郸太极拳特色。提供音频、视频、图片和文字等。 | 王志安 |
| | | | 5月27日 | 初稿 | | |
| | | | 6月3日 | 研讨论证 | | |
| | | | 7月1日 | 定稿 | | |
| | | | 暑期 | 提交 | | |
| 六 | 组织孔子学院、孔子课堂的中外籍教师太极拳培训 | | 5月10日 | 确定工作方案 | 能够随时为孔子学院教师培训提供太极拳师资及教学培训方案。 | 崔献军 |
| | | | 6月10日 | 落实方案中的校内各项条件、任务 | | |
| | | | 7月1日 | 与国家汉办对接 | | |
| 七 | 2011年太极拳方向招生 | 1. 太极拳特色教学 | 5月3日 | 与相关专业研讨、交流沟通 | 制定教学培养内容，充分体现太极拳特色的培养方案。要有很强的可操作性。 | 赵新生、有关单位负责人 |
| | | | 5月15日 | 确定教学内容 | | |
| | | | 5月27日 | 完成培养方案初稿 | | |
| | | | 6月10日 | 完成培养方案的修订 | | |
| | | | 9月1日 | 正式施行 | | |
| | | 2. 太极拳特色专业方向教学 | 5月6日 | 召开研讨会 | 以专业建设的标准和方案，规划设计该方向的培养方向和要有可行性和可操作性。做好下学期实施的各项准备工作。 | 赵新生、董启林 |
| | | | 5月15日 | 确定课程内容、教学模式 | | |
| | | | 5月27日 | 完成培养方案初稿 | | |
| | | | 6月10日 | 完成培养方案的修订 | | |
| | | | 9月1日 | 正式施行 | | |

续表

| 序号 | 项目名称 | | 完成时间 | 工作内容 | 完成目标与标准 | 项目责任人 |
|---|---|---|---|---|---|---|
| 八 | 2011年太极拳方向招生 | 3.太极拳文化（暂定）专业申报 | 5月13日 | 召开研讨会 | 完成培养计划、课程建设、论证报告等文件，具备太极拳文化（暂定）专业申报和招生的条件。 | 赵新生 |
| | | | 5月27日 | 完成培养方案初稿 | | |
| | | | 6月10日 | 完成培养方案的修订 | | |
| | | | 6月17日 | 完成培养方案的修订完成申报书 | | |
| | | | 7月1日 | 上报教育厅 | | |
| | | | 暑期 | 公关教育厅确保通过审核 | | 学院领导 |
| | | | 11月1日 | 公关教育部确保通过审核 | | 学院领导 |
| 九 | 太极大业网站建设 | | 5月3日 | 筹建好图文并茂、确定网站栏目 | 筹建好图文并茂、内容丰富、信息量大的太极大业网络平台。体现学术性、宣传性、开放性、文摘性，保证一般的英文界面宣传。 | 王保民 卢建辉 魏晓红 |
| | | | 5月10日 | 成立网络管理机构，制定制度，明确分工 | | |
| | | | 5月中下旬 | 正式运行 | | |
| 十 | 太极拳产品开发 | | 5月10日 | 工作方案 | 初步制作出部分高质量、高标准、具有鲜明特色的太极拳文化产品。探索产业化发展渠道。 | 方强 |
| | | | 7月1日 | 完成部分样品 | | |
| | | | 暑期 | 寻求合作企业 | | |
| | | | 12月31日 | 产品试产试销 | | |
| 十一 | 各系成立太极拳协会或运动队 | | 5月17日 | 出台工作实施方案 | 方案切实可行，各单位要有相应的工作方案和实施计划，真正带动全体学生参与太极拳工作建设。 | 徐建民、有关单位负责人 |
| | | | 6月3日 | 召开宣传动员工作会议 | | |
| | | | 7月1日 | 各系成立太极拳协会或运动队 | | |
| | | | 9月1日 | 正式实施 | | |

85

续表

| 序号 | 项目名称 | 完成时间 | 工作内容 | 完成目标与标准 | 项目责任人 |
|---|---|---|---|---|---|
| 十二 | 太极拳运动队建设 | 5月17日 | 出台完善各项管理制度 | 制度规范、节目精彩。按计划实现训练目标。 | 马建华 卢建辉 |
|  |  | 5月中下旬 | 参加揭牌仪式表演 |  |  |
|  |  | 7月8日 | 太极拳运动队考核比赛 |  |  |
|  |  | 9月中旬 | 新一轮选拔和晋级比赛 |  |  |
| 十三 | 太极拳双师型教师培养 | 5月10日 | 出台工作方案 | 政策具有激励性、可行性。群众性太极拳工作效果好、形成惯例。 | 崔献军 梁伟新 |
|  |  | 7月1日 | 提出相关政策意见 |  |  |
|  |  | 9月1日 | 正式实施 |  |  |

# 邯郸学院办公室文件

办字〔2011〕10号

邯郸学院党政办公室　　　　　　　　　　2011年5月17日

---

## 邯郸学院党政办公室
## 关于转发《邯郸学院工会邯郸太极文化学院
## 关于设立"太极拳日"的意见》的通知

各二级学院（系、部）、各处室、各单位：

　　为了增进广大教职工的身体健康，促进太极拳运动在我院的进一步普及与推广，院工会、太极文化学院制定了《关于设立"太极拳日"的意见》，现予转发。望各单位高度重视，精心组织，切实按要求抓好贯彻落实。

邯郸学院党政办公室<br>
2011年5月17日

# 邯郸学院工会
# 邯郸太极文化学院
# 关于设立"太极拳日"的意见

太极文化是邯郸学院重要办学特色,为增进广大教职工的身体健康,促进太极拳运动在我院的普及,推动我院太极文化建设工作稳步开展,院工会、太极文化学院建议在我院设立"太极拳日"。

一、确定每周四为邯郸学院"太极拳日"。

二、每周四下午17:00-18:00,为集体练习太极拳时间。各二级学院(系、部)、各部门组织本单位教职员工在逸夫广场及周边习练太极拳。

三、先期以学习杨式28式太极拳为主,由太极文化学院、体育学院安排太极拳指导教师。随着太极拳水平的不断提高,各单位也可以自聘太极拳教练学练其他流派太极拳。

四、各级党政领导要带头习练太极拳,以此影响和带动全院师生自觉习练,形成浓厚氛围。

五、各单位要制定本单位的实施方案,要充分发挥工会的作用,调动教职工的积极性,认真落实。

六、院工会、太极文化学院组成检查组对各单位此项工作的组织、实施情况进行检查。

七、各单位在"太极拳日"还要结合本单位情况积极举办太极拳比赛、太极拳表演、太极拳学术交流等多种形式的太极拳文化活动。

八、"太极拳日"活动自2011年5月19日开始实施。

2011年5月17日

# 邯郸学院办公室文件

办字〔2011〕13号

邯郸学院党政办公室　　　　　　　　　　　　2011年5月30日

---

**邯郸学院党政办公室**
**关于转发《邯郸学院工会邯郸太极文化学院关于**
**"太极拳日"启动仪式情况的通报》**

各二级学院（系、部）、各处室、各单位：

根据院党委、行政决定，5月26日下午，院工会和太极文化学院组织了邯郸学院"太极拳日"启动仪式。院工会和太极文化学院对此次活动进行了全面总结，现将《关于"太极拳日"启动仪式情况的通报》予以转发。望各单位认真组织学习，高度重视习练太极拳活动，按规定和要求做好工作，为推进我院太极文化建设做出新贡献。

邯郸学院党政办公室
2011年5月30日

# 邯郸学院工会
# 邯郸太极文化学院
# 关于"太极拳日"启动仪式情况的通报

各二级学院（系、部）、各处室、各单位：

5月26日下午，根据院党委和行政决定，由院工会和太极文化学院组织了邯郸学院"太极拳日"启动仪式。这次仪式非常成功，按照程序完成了大会各项议程，彰显了我院推进太极文化建设、突出太极办学特色、提高教职工身体健康之宗旨，进一步提高了全院师生员工对建立"太极拳日"的认识。这次启动仪式体现了如下特点：一是领导重视，二是组织严密，三是踊跃参与，四是开局良好。从总的情况看，各二级学院（系、部）、处室、单位对这次启动仪式高度重视，组织到位，队伍整齐，人员精神振奋，能够按照事前通知做好工作，并在整个启动仪式过程中，表现出了良好的精神风貌，充分显示了各单位和部门严格管理、听从安排、认真执行通知要求的过硬素质。值得提出表扬的单位有：外国语学院、中文系、信息工程学院、教育学院、数学系、体育学院、党政办公室、组织部、纪委、宣传部、学工部、财务处等。但是，有极个别部门和单位还存在对这项活动重视不够、组织不太严密、人员不太整齐的现象，希望存在问题的部门和单位认真查找原因，引以为戒，改正提高。

推进太极文化建设是党委和行政突出我院办学特色的一项重大举措，是有利于师生员工身体健康的一件大事。望各二级学院（系、部）、处室、单位要高度重视习练太极拳活动，在今后举办的各种习练太极拳活动中，要精心安排，严密部署，认真组织，按规定和要求做好工作，以展现各部门和单位习练太极拳活动的风采，为推进我院太极文化建设做出新贡献。

2011年5月30日

# 第四篇　名家之风

邯郸学院校园太极文化的成长与发展，除了有学校领导的高瞻远瞩、准确定位外，更离不开众多专业人士的直接参与和工作。本章节主要介绍与邯郸学院校园太极文化建设和发展相关的直接领导、专任教师以及外聘专家及其相关成果。

## 第一章　太极拳专业历任领导

**董海林**

男，汉族，1955年12月生，河北省邢台县人，1977年8月入党，1969年5月参加工作，中央党校科学社会主义专业毕业，研究生学历，研究员。中共邯郸学院原党委副书记，主管太极文化学院工作。研习杨氏太极拳十余年，获得全国及省市太极拳比赛奖项数十项。

**段玉铭**

段玉铭，男，河北省涉县人。中共党员，研究生学历，研究员。河北省政府文史研究馆馆员，河北省政府参事室特约研究员，河北省太极拳健康学会太极拳研究院院长，太极拳（武术）六段，河北省太极拳协会副会长、秘书长。曾任村赤脚医生、镇党委书记、县长，邯郸市市长助理，市政府秘书长，邯郸学院副书记、纪委书记，太极文化工委书记。习练太极拳十余年，在人民日报、河北日报、邯郸日报、邯郸学院学报刊载太极拳文化论文二十余篇。

**郭振兴**

男，汉族，1950年12月生，河北省邯郸市人，1972年5月入党，1968年8月参加工作，华中工学院铸造工艺及设备专业毕业，大学学历，高级政工师。中国武术六段。中共邯郸学院原党委委员、副院长，邯郸学院太极文化学院首任院长。

郭振兴自幼喜欢中国武术等运动，尤其在太极拳方面造诣颇深，主攻武当太极三丰掌、精通杨氏太极拳、武氏太极拳及太极器械等。在国内外太极拳大赛中多次获得第一名或一等奖。现致力于太极拳、太极文化及太极健康的研究与传播工作。

**马建华**

男，1964年生，河北邯郸人，邯郸学院体育学院副院长，太极文化学院首任执行院长，中国武术五段，杨氏太极拳教练。主持公共体育部工作，为全体在校生进行太极拳教学与普及，使全体在校生均接受太极拳文化的熏陶。先后在校内为中层干部、教研室主任、学工办主任、团委书记、辅导员等进行太极拳培训五期，参训人员300余人。

## 第二章　太极拳专业专任教师

**常关成**

男，1955年5月生，河北魏县人，邯郸学院杨式太极拳总教练、终身名誉教授，广西壮族自治区区委党校太极拳专项客座教授，广西经贸职业技术学院太极拳专项客座教授，北京华夏太极国际文化交流中心太极拳总教练，河北省人大机关杨式太极拳总教练，邯郸杨澄甫式太极拳学会常务副会长，杨式太极拳第五代传人。

师从杨式太极拳第四代宗师杨振基，练拳、教拳近四十年，先后在北京、天津、广东、广西、河南、辽宁、中原油田、南海油田、中国国际广播电台、中国红十字会、国家行政学院、河北省人大机关、河北省委党校、广西区委党校、广西中医药大学教学，并到美国、英国、韩国、泰国、白俄罗斯等国家和地区教学传授拳艺，接待韩国、泰国、马来西亚、日本、奥地利、俄罗斯等国家访学团进行太极拳交流，对巴基斯坦孔子学院师生进行空中课堂太极拳讲授。推广传播杨式太极拳近40年，教授学生数万人。

常关成老师对杨式太极拳研究较深，教学经验十分丰富，把体育专业的运动心理学、人体解剖学、生物力学及体育教学法贯穿于教学实践中，运用辩证法把深奥的太极拳理论与实践有机结合起来进行讲学，使学员易于接受、融会贯通。

常关成老师注重理论研究，结合教学实践先后发表多篇论文，参与主编出版《杨式太极拳基础教程》《杨式24式太极拳教练法》等教材，受到太极拳界的一致好评。

### 姚志公

男，副教授，武式太极拳第五代传人，非物质文化遗产传承人，国家武术六段。永年广府武式太极拳协会副会长，北京大学武式太极拳研究会顾问，邯郸市武式太极拳学会顾问，嵩山少林武术职业学院武术文化研究所特约研究员。自幼跟随祖父姚继祖学习武式太极拳，编写了《传统武式太极拳教程》，在太极拳理论及推手实践上均有较高造诣。

### 田金龙

男，博士、副教授，邯郸学院太极文化学院院长。中国体育科学学会武术分会常委，中国武术七段，国家级武术裁判。江苏省武术散打训练基地主教练（2003—2006年），美国valdosta大学访问学者（2003年）。20世纪90年代初受国家体育总局武术运动管理中心选派，长期从事巡回讲学、教材编写、规则制定、考察调研、出国访问、竞赛裁判等工作。

在学术研究上，构建了以"根"为技术核心的"三摇三摆""四大技法"的太极拳技术体系，以及以"空劲"为技术核心的"三空"的太极拳理论体系。两大技术体系的架构是先进的、独创的、实用的，填补了这项研究领域的空白，完成了传统太极拳现代化转型的新课题，发现了太极拳"神明之境"的新途径，把太极拳推向了空灵境界的新高度。并经过教学实践的检验，收到显著的教学效果。

二十多年来，培养了全国太极推手比赛冠军100多人，全国散打比赛冠军4人，全国《武林风》散打比赛总冠军2人，并在全国泰拳锦标赛等搏击比赛中取得了优异成绩。这些比赛成绩证明了太极拳的实战价值，为太极拳赢得了荣誉，也打破了以往太极拳十年不出门的古训。

现在，"三摇三摆"太极拳技术体系，受到社会的普遍欢迎，在全国各地纷纷成立"田金龙太极拳法研究会"，作为民间学术团体，开展太极拳的研究与普及工作，为社会培养了一大批太极拳精英人才，为太极拳的传承推广做出了突出贡献。

自 2013 年任邯郸学院太极文化学院院长以来，秉承"现代化转型、学术化发展"的太极拳传承理念，以培养具有现代教育理念的太极拳专业人才为目标，带领太极文化学院通过对"专业化、职业化、精品化"培养方向的探索，确立了太极文化专业的学科体系与人才培养模式。

从 90 年代初期开始参与国家体育总局武术运动管理中心的研究、教学、裁判与推广工作。作为武术段位制的主创人员之一，参与了《中国武术段位制系列教程——杨式太极拳》（执笔）、《中国武术段位制系列教程——自卫防身术》（执行主编）的编写工作，并由中国武术运动管理中心选派到全国各地讲学，以及赴美国、意大利等海外讲学，为国家赢得了荣誉，受到学员的高度赞扬，多次受到了国家体育总局的表彰，为中国武术的普及与推广做出了突出的贡献。

### 韩新海

男，1966 年生，大学本科，学士学位，毕业于河北师范大学体育教育专业，杨式太极拳第六代传人，中国武术四段，国家段位制考评员，现任职于邯郸学院太极文化学院武术段位制办公室主任、实习实训办公室主任。

### 刘文星

男，1967 年出生，副教授，太极文化学院副院长。武式太极拳四段，武术段位制考评员和指导员。主讲太极拳理论，发表太极拳论文多篇。

### 李建设

男，1970 年 4 月出生，硕士，教授，邯郸市教育科学规划课题评审专家，邯郸市优秀教师，河北省《太极拳》精品课程主持人，省级重点发展学科《武术与民族传统体育》主要负责人。现任邯郸学院太极文化学院党总支副书记，邯郸学院太极拳研究推广中心主任，邯郸学院太极拳总教练，中国武术段位考评员，中国武术六段。

1994年6月毕业于河北师范大学体育系，武术专项。毕业后一直从事体育教学工作，主要从事武术、太极拳、跆拳道等项目的教学与训练。主讲的《太极拳》课程于2008年被评为首批校级精品课，2011年又被评为省级精品课。2010年获批成立邯郸学院太极拳研究推广中心，旨在从太极拳的技术、理论、文化、教学、训练、社会作用、普及推广等方面进行多层面、全方位、全领域的研究与探索。

自1995年开始组织成立了学校业余武术训练队，人数多时达300余人，后将太极拳引入了学校公共体育选修课教学，逐步使之被列为学校特色，成为公共体育必修课、课间操。同时还成立了学校太极拳竞训队，代表学校外出参加武术及太极拳竞赛，二十多年来培养出一大批武术、太极拳、跆拳道优秀学生和队员，在全国、省市武术、太极拳、跆拳道大赛中获奖近百项，其中省级以上第一名、一等奖30余项。培养的学生与队员有多人在国内外从事着武术、太极拳等技术与文化的教学、训练与传播工作。

**徐伟龙**

男，1978年8月出生，河北安国人，中共党员，民族传统体育专业硕士研究生，副教授，杨式太极拳传人，中国武术六段，河北省人大机关杨式太极拳教练，广西壮族自治区区委党校客座教授，邯郸市非物质文化评审保护专家，邯郸学院太极文化学院教师，担任武术和学院特色传统太极拳的教学、训练、竞赛、培训等工作。

随常关成老师先后在北京、石家庄、濮阳、广西壮族自治区区委党校、广西壮族自治区中医药大学、河北省人大机关及邯郸市委、市政府等地教拳；接待俄罗斯、蒙古、泰国、日本等国外访学团，并到欧洲、澳门等地交流拳艺。

曾多次带领学生参加省级和国家级武术比赛并取得优异成绩；参加邯

郸市文广新局组织的非遗项目评审工作；技术实践与现代体育理论有机结合，把深奥的太极拳理论与现代体育理论及日常生活相结合融汇贯穿于教拳实践，发表多篇有关太极拳运动力学和普及现状及对大学生生理特征影响的研究论文，参与编撰出版了太极拳教材《杨式太极拳基础教程》，发明太极器械专业实用新型专利8项。

**吴星**

男，中共党员，学士，助教，国家武术四段，太极拳段位制指导员和考评员。现为邯郸学院太极文化学院办公室主任。

**马秀杰**

男，1983年9月，中共党员，现就职于邯郸学院太极文化学院讲师，在读博士，本科毕业于曲阜师范大学、研究生毕业于天津体育学院、现上海体育学院在读研究生。国家汉办孔子学院优秀指导教师。

**李恩杰**

硕士，毕业于北京体育大学，民族传统体育学专业，自幼习练跆拳道、散打、摔跤及综合格斗、擒拿术等，由国家汉办委派至挪威卑尔根市教授武术。

**吕蒙**

硕士，武术六段，曾获全国第九届少数民族传统体育运动会一等奖，河南省青少年传统武术锦标赛陈式太极拳第一名，第二届全国太极拳推广交流大会一等奖；被评为"河南大学省级及校级优秀硕士毕业生"。

**李建民**

男,河北沧州人,硕士,中国武术七段,武式太极拳第六代传人。曾就读于沧州师范学院、河北师范大学体育教育专业,河南大学民族传统体育学。今为邯郸学院太极文化学院武式太极拳总教练。

自幼酷爱武术,11岁起随王茂林(曾用李新吾)先生学习金刚八式、六大开、八极小架、八极拳、八极对接、纯阳剑、六合刀、六合大抢、对扎大枪、披挂拳、通背拳、太极揉手等拳术。大学期间师从孙春艳、孙佐枫两位老师系统学习武术的科学训练方法与理论,业余随郭玉峰老师习陈式太极拳,师从吴忠祥先生习太极推手。2004年始拜于钟振山先生门下,学习武式太极拳、器械、推手及武式太极拳理论经典至今。

2006年6月随钟振山先生参与《武藏》武式太极拳、器械的拍摄。2009年至2011年间参与武式太极拳在邯郸市中小学的培训和推广。2011年在中国国际广播电台与邯郸学院合拍的《嗨!太极》中饰演杨露禅,同年参加了首届全国高等体育院系武术段位制指导员、考评员培训。2012年在邯郸学院与三多堂、国际台合拍的二十四集《二十八式太极拳教学片》中做教学示范。曾多次参加各种比赛、段位考核的评判工作。近年来积极致力于武式太极拳的研究与推广工作。

**李云云**

女,河北邯郸市人,大学本科,学士学位,中共党员,中国武术五段,健将。2011年考入天津体育学院民族传统体育专业。今就职于邯郸学院太极文化学院。

8岁习武，9岁入河北省省体工队预科班。2003年被选入邯郸市重点体校武术队。多次荣获国家、省市武术、太极拳比赛大奖。

2011年考入天津体育学院后被选进天体校队，在校期间曾多次代表学院出国巡演和学术交流，并担任天津市第十三届运动会开幕式武术开场表演。2015年6月在全国体育院校争霸赛中获得女子乙组全能冠军。

在大学期间还参加过《少林寺传奇之沙漠英豪》《幻城》《新永不消逝的电波》《危城歼霸》等影视剧的拍摄，群众反响良好。

### 白俊亚

男，出生于河北邯郸，2013年本科毕业于河北体育学院民族传统体育学，中国武术五段，国家一级武术指导员，本科期间参加过多次龙狮和武术比赛，其中有第九届全国少数民族运动，获得金牌；第七届全国农民运动会，获得金奖。

2016年硕士毕业于集美大学，民族传统体育学专业，曾参加福建省第八届少数民族传统体育运动大会和福建省第十五届运动会武术裁判工作，同时发表多篇武术相关论文。

### 邓洁

女，中国哲学硕士，毕业于四川师范大学，现任太极文化学院专职辅导员。曾在人民出版社出版的《张栻与理学》上发表《"张栻思想与现代社会"国际论坛综述》《南宋时期理学与功利学关系探讨》发表于《社会科学战线》2016 年第 2 期,《南宋时期理学与功利学关系探讨》又全文转载于人大复印报刊资料《中国哲学》2016 年第 5 期。

**胡云飞**

男，1988 年生。毕业于扬州大学，民族传统体育学硕士，专业方向为"太极拳的理论研究与技击实践"。2013 年到邯郸学院实习，2016 年底正式入职。一直从事于太极文化学院太极拳推手教学与训练，经常带队参加全国各省、市各级太极拳推手比赛，取得优异成绩。

## 第三章　客座教授

**杨振铎**

男，1926 年生，河北永年人。山西省政协委员，全国武术协会教练委员会委员，中华全国体育总会太原分会常委，太原市武协副主席，杨式太极拳研究会会长，中国武术九段，中国当代太极拳名家。1992 年荣获"武林百杰"称号。

杨振铎出身太极拳世家，杨式太极拳创始人杨露禅之曾孙，一代宗师杨澄甫先生之三子。自幼随父习练杨式家传太极拳及各类器械、推手等。毕生从事太极拳的普及推广工作，多次赴世界各地进行讲学活动，具有很高的国际声誉，门人弟子遍及海内外。

**杨志芳**

男，1959年生，祖籍河北省永年县阎门寨村，邯郸市武术协会杨式太极拳委员会主席。出身太极拳名门世家，杨式太极拳第五代传人和代表人物。其先祖杨露禅系杨式太极拳创始人，行侠仗义，武功盖世，打遍京城无敌手，史称杨无敌。其曾祖父杨健侯承先启后，弘扬祖业，使太极拳这一中国武术瑰宝得到更为广泛传播。其祖父杨澄甫，身担大义，民国时期任南京国术馆总教练，汇杨门三代太极拳功夫之精华，创编杨式太极拳定型架，令太极拳风靡大江南北。并撰写杨式太极拳专著，蒋介石、蔡元培、庞炳勋等民国政要为之题词。其父杨振国，为杨澄甫之四子，自幼得兄振铭、振基、振铎携领，向父叔学习正宗杨家太极拳，颇得真传。

杨志芳自6岁就开始学习杨式太极拳。数十年不懈努力，系统掌握了家传杨式太极拳的套路、器械、推手等技法。行拳走架皆中规中矩，招法劲路轻灵自如，人称有其父辈风范，达身心两知之境界。

近年来，积极开展的太极拳传授活动，学生弟子甚众，为弘扬中华民族的传统武术文化，继承和传播太极拳技艺，推动人民群众的健身运动做出了突出的贡献，引起广大太极拳爱好者和各级政府的广泛关注和赞誉。

**马伟焕**

男，1937年生，杨氏太极拳第五代资深门人，中国武术八段，首届中国太极太极拳大师马伟焕拳名家联谊会首席会员，广东省武术文化研究会顾问，香港杨氏太极拳总会创会会长。早在50年代末期就读上海同济大学时，他就开始接触杨氏太极拳。

1962年移居香港后，他长期追随杨家太极拳第四代宗师杨振铭（守中），系统、完整、全面地学习杨氏太极拳、剑、刀以及太极长拳等，于20世纪70年代初倡立"香港太极拳学会"，任名誉会长；1975年受聘为香港康体处太极拳导师，同年任第一届师资训练班导师，培养了众多杨氏太极拳师资人才。

1985年杨振铭宗师在香港辞世后，马伟焕和同门师兄弟们继承杨宗师的遗愿，致力于推广杨氏太极拳，在香港沙田、铜锣湾、九龙、大埔、湾仔等地公园和练功场，都设有杨氏太极拳推广站，由马老师的得意门生林周龙、杨振明、梁运乾、李健民、彭玉娇、关镇海等人分别担任导师或总教练。

马老师授拳传艺30余年，广植桃李，学生遍布海内外，早年投师的入门弟子张深明、陈汉辉在异国他邦义务教拳20余载，影响颇广。

近些年来，马伟焕老师又将香港杨氏太极拳学会的影响扩展到国内，不断组织团队参加在全国各地举办的各种规模的太极拳交流大会，足迹踏遍祖国的大江南北。

### 王乃虎

男，汉族，1952年生，中共党员，教授，硕士研究生导师。研究方向：武术教学、训练理论与方法。原河北师大体育学院民族传统体育系主任。现为中国武术协会委员、国家级武术裁判，中国武术高段位八段。兼任中国大学生体协民族传统体育常务委员、理事。中国体育科学学会武术分会委

员。石家庄市武术协会主席。河北体育智库专家委员会副主任。河北省文化厅非遗传统体育专家组组长。

**马明达**

男，1943年生，河北沧州人，回族，著名历史学家。出身于中国武术世家。现任暨南大学历史系教授、博士生导师。兼华南师大体育科学学院客座教授、西北民族学院历史系客座教授，广东省武术文化研究会会长、广东李小龙研究会会长。1993年到暨南大学工作至今。主要从事中国文化史、民族史和中外关系史的研究和教学，断代史研究上侧重于元、明、清三朝。担任主编和副主编的书有《中国武术大辞典》《中国回族辞典》《广河县志》《中国回族历法辑丛》等等。历年来发表中国古代史、民族史和武术史论文一百余篇。《武学探真》是马明达教授的武术学术论文集，所收文章大都是1998年底以来发表的。本书内容考证翔实，说理有据，对于武术学的建立与提倡，树立了良好的典范和鼓吹作用。其中一部分曾收在2000年兰州大学出版社出版的《说剑丛稿》中。

**钟振山**

男，（1949—）武式太极拳家。河北永年县广府镇东街人。武氏太极拳第五代传人。自幼酷爱武术，十三岁正式拜永年太极拳名家、武式太极拳第四代传人姚继祖为师，习练武式太极拳、刀、剑、杆（枪）、推手等。演拳循规蹈矩，动静自然，独具静态之妙。推手端庄严密，细腻熨帖，宁静而不妄动，以善化为长，在拳法、拳理上颇有造诣。

历任三届中国永年国际太极拳联谊会千人表演总教练，获第三届永年国际太极拳联谊会武式太极拳法金牌。在武术杂志上发表过《太极拳听劲与懂劲》《太极拳中柔与刚》《沾连粘随说》《听劲与懂劲的力学原理》《浅谈武氏太极拳养生与技击》等多篇论文。和世界太极拳爱好者进行了广泛交流，收到普遍好评。1992年4月，被邯郸市武术协会评为太极拳一级拳师。

1993年9月，应中国武协、中国武术研究院邀请，参加了国家武协在杭州召开的全国太极拳推手规则研讨会。1995年应邀参加中国武术研究院组织的武式太极拳竞赛套路编写工作。1997年，被河南省温县太极拳年会评为太极拳名师。1998年，被永年太极拳联谊会评为太极拳大师。1998年协助姚继祖先生整理、编著《武式太极拳全书》。2001年3月，应中国武协邀请，参加在海南省三亚市举办的首届世界太极拳健康大会，担任名家演示和辅导工作。

2007年3月16日至24日，武式太极拳名师钟振山老师应北大整体健康协会邀请来到燕园为广大师生传授武式太极拳。通过一周的学习，数十名师生员工掌握了武式太极拳的基本动作，普遍感受到了太极拳对促进健康的良好作用。

钟老师温儒敦厚，讲授拳艺，细致耐心。为了使广大师生能尽快掌握武式太极拳，钟老师在保持传统套路风格的基础上删掉了一些多次重复的招式，创造性地将传统套路108式浓缩精编为36式，使广大师生轻松地掌握了武式太极拳的基本动作。每天教学结束后，钟老师还邀请同学到他的住所品茶论拳，解答在学拳过程中遇到的各种问题，讲述太极拳历代宗师的掌故和自己练拳的心得体会，畅谈太极拳与传统文化的关系。

**翟维传**

男，1942年出生，河北永年县广府人，武氏太极拳第五代传人，太极大师，自幼习武，从师于武氏太极拳第四代传人魏佩林、姚继祖二位宗师门下，习练武氏太极拳系列至今，现任中国武术协会会员，中国武当拳法研究会顾问，中国焦作（温县）国际太极拳年会副秘书长，中国邯郸永年国际太极拳交流大会顾问，广东江门市太极拳联谊会顾问，北美洲武

（郝）氏太极拳总会顾问，中国珠海国际太极拳交流大会技术顾问，邯郸市武氏太极拳研究会副会长，永年武氏太极拳研究会常务副会长，永年县太极文化商贸有限公司监事长，永年县维传武氏太极拳研究会会长等职。

其主要文章分别发表在国内各武术刊物上，有的被收入《武当拳法探微》《太极各家谈真谛》及《太极拳论文集》等书中，并参加了《武式太极拳竞赛套路》的编排和审定工作，任编委，协助恩师姚继祖出版《武氏太极拳全书》。

自己作品有《武氏太极拳述真》一书（2001年）出版《武氏太极拳术》一书（2003年），人民体育出版社与广州俏佳人"中华武术展现工程"出品《武氏太极拳系列》教学光盘一套共十一盘（2003年）。

**张平**

女，1963年3月生，河北邢台人，研究生学历，中国武术六段，杨式太极拳传人，邯郸学院太极拳专项客座教授，广西壮族自治区区委党校太极拳专项客座教授，广西经贸职业技术学院太极拳专项客座教授，北京华夏太极国际文化交流中心太极拳副总教练，河北省人大机关传统杨式太极拳教练，河北省太极拳健康学会顾问、杨式太极拳总教练，邢台市发展和改革委员会调研员。自幼跟随父亲学习杨式太极拳，又得常关成师兄指导传授，担任常关成老师助教，参加有关教学活动，推广传播杨式太极拳。教授太极拳的经验和体会文章，发表在人民日报主管主办的《艺术》杂志等报刊上，编纂出版了《杨式24式太极拳教练法》等教材。

**翟金录**

河北广平县人，男，汉族，1945年生。杨式太极拳第五代传人，中华太极文化国际总部学术指导，"中国永年国际太极拳联谊会"创会秘书长，"杨式太极拳第五代名家传人联谊会"创办人。著名太极文化理论家、太极文物收藏家。1970年南开大学哲学系毕业。任邯郸市哲学学会会长、南开大学历史学院兼职教授、复旦大学博物馆顾问、中国武术博物馆筹备处顾问等。

翟金录自1979年开始学习传统杨式太极拳，先后拜傅钟文（杨式）、赵斌（杨式）、姚继祖（武式）、孙剑云（孙式）为师，学习拳艺，进而研究太极文化。1991年，主导创办了首届"中国永年国际太极拳联谊会"，任创会秘书长，受到国家武协的充分肯定。至2001年，连续担任八届联谊会的组委会秘书长。现"中国永年国际太极拳联谊会"已成为国际上颇具影响力的太极盛会。参与过全国各地大型太极盛会并进行策划和主持。主编《太极名家谈真谛》《中国杨式武式太极拳中小学经典教程》等著作；2010年获得上海电视台ICS"圆满世博"国际太极文化旅游节"太极功勋奖"。

**杨宗杰**

1967年出生，邯郸市永年区人，本科学历。原任永年《太极》杂志社总编兼县志办副主任，两届永年县政协委员，现任邯郸市体育局太极拳办公室主任，邯郸市非遗评委，邯郸学院客座教授，主讲《太极文化概论》课程。参与了多届市、县两级大型太极拳活动的筹备和组织工作，多次主持国际太极拳大会学术报告及各地各级别太极拳活动。多年来撰写了大量太极拳学术论文和宣传文稿，参与或主编了《圣地辉煌》《永年太极拳志》《走进永年太极》《武式太极拳高峰论坛》《邯郸市中小学太极拳教材》等太极拳学术著作,有专著《太极人文》《话说太极》出版。曾荣获河北省业余训练先进个人,永年县首届青年十杰,永年县优秀知识分子等荣誉称号。

**崔仲三**

男,(1948—),北京市人,祖籍河北。中国武术八段,国家一级武术裁判员,出身太极世家。国家非物质文化遗产杨式太极拳传承人。幼年起就随祖父习练传统杨氏太极拳,至今已有四十余年。北京永年太极拳社社长、杨式太极拳第五代传人、国家级社会体育指导员、北京市人民对外友好协会理事、河南大学、焦作大学客座教授、焦作师范高等专科学校客座教授、北京市武术协会理事、北京市西城区武协副主席、北京市杨式太极拳协会副会长、北京市丰台区武协高级顾问。

崔仲三先生自1957年首次获太极拳青少年组冠军起,多次参加各种规模的太极拳比赛,并在1960年入选北京市青少年业余武术学校训练。同年获北京市武术赛太极拳冠军,次年再次捧杯。1982年获北京市第六次运动会太极拳比赛亚军、1985—1986年连续两届北京市武术赛太极拳冠军、1986年获全国太极拳剑比赛太极剑亚军并任北京代表队教练。1985年全国工人运动会开幕式太极拳剑表演任总教练、在第十一届亚运会开幕式中日太极拳表演任东城执行总教练、1995—1997年连续三届世界太极修炼大会任副总教练和杨氏太极拳导师。2001年在三亚举办的"首届国际太极拳健康大会"作为家名拳演练。2002年北京市第八届职工运动会开幕式800人太极拳表演任总教练。2002年北京市司法局首届运动会开幕式800人太极拳表演任总教练。担任第七届、第八届全国运动会、第六届全国民运会、第五届城

市运动会武术裁判工作；担任市级、国家级、国际级等各种规模武术比赛解说工作；多次参加太极拳、推手竞赛规则的研讨与编写工作，多次参加北京市武术挖掘整理工作并或嘉奖，多次荣获优秀太极拳辅导员称号。

# 第五篇　园林之美

　　邯郸学院综合办学条件优良，基础设施齐备。校园古朴典雅，绿树葱郁，芳草如茵，为师生员工提供了良好的工作、学习、生活环境。

　　学校高度重视校园绿化美化。校园绿化率达45%，分为17个区，有柿树园、石榴园、玉兰园、桂园、松林园、竹趣园、桃李园等。主要树种花卉有柿树、银杏、牡丹、芍药等131种。绿化环境或抑或扬，创造出特有的人文气息，构建了高品位的育人环境，为邯郸城市建设增添了一道亮丽的风景，已成为一座三季有花、四季常青的省级花园式校园。同时，更有专设的太极广场、太极路、太极综合训练馆、太极文化图书专架等太极文化元素来彰显校园太极文化氛围。

　　本章节重点展示与校园太极文化相关的元素。

　　一、太极广场

鸟瞰太极广场　　　　　　　　　太极广场远景

太极广场 　　　　　　　　　太极广场周边的花池

## 二、心石广场

## 三、太极东路

太极东路近景 　　　　　　　太极东路远景

## 四、太极西路

太极西路近景

太极西路远景

## 五、太极综合训练馆

训练馆外景

训练馆内部设施

## 六、太极文化资料库

中国梦·太极行 >>>

太极拳文化资料馆　　　　武术与太极拳资料专架

# 第六篇　社团之林

邯郸学院学生社团分为校级和院级社团，各种社团有八十余个，其中以太极拳、武术为主的社团有三个，本篇作为重点介绍。

## 第一章　学校太极社团概述

学生社团是指学生为了实现会员的共同意愿和满足个人兴趣爱好的需求，自愿组成的、按照其章程开展活动的群众性学生组织。学生社团是我国校园文化建设的重要载体，是中国高校第二课堂的引领者。

教育部学生司关于学生社团的解读是："高校学生社团是学生自愿组成，为实现会员的共同愿望，按照其章程开展活动的非营利性群众组织。"

为了适应社会发展的需要，适应教育改革及学生成长成才的需要，积极开展健康有益、丰富多彩的课外科技文化艺术活动，促进学生德、智、体、美、劳全面发展。在学校和二级学院团委的指导下，学生们先后自发组织成立了"邯郸学院传统杨氏太极拳研究会""传统武式太极拳协会""极韵武术太极文化交流社团"等与太极文化相关的特色社团，并开展了系列活动，取得了优异成绩和良好的文化宣传效果。

# 第二章　校园主要太极文化社团及其活动情况

## 第一节　邯郸学院传统杨氏太极拳研究会

一、邯郸学院传统杨氏太极拳研究会概况

邯郸学院传统杨氏太极拳研究会成立于2006年，隶属邯郸学院校团委。是全校非营利性学生体育文化组织。协会宗旨：丰富大学生课余生活，提高大学生身体素质，传承太极文化的精神，促进学习发展和科研进步。

太极拳是邯郸的文化品牌，闻名世界的杨氏太极拳就诞生在这里。自改革开放以来，太极拳在二十年间以崭新的形象向全国和全世界传播，通过"中国永年"和"中国邯郸""国际太极拳联谊会"之后，多种名称的会议组织形式的推动，使太极加快了对外的传播速度，扩大了传播的规模；时至今日，杨氏太极拳成为中国乃至世界传播最广、最受人欢迎的太极拳种，已被列为国家级非物质文化遗产。

杨氏太极拳在近180年的发展中，在实践中形成了自己独特而优美的太极拳套路和器械谱系，形成了完备的理论体系。现在，杨式太极拳以极快的速度向世界各地传播，受到不同民族、不同国家人民的广泛欢迎。

十年来，我们不忘初心，不忘师恩，苦练拳术，不断挑战与超越，在各届社员的共同努力下，我协会不断发展壮大，连续三年被评为校"精品社团"。并多次参加校内外各种大型比赛和交流展示活动，硕果累累，不胜枚举！在历届邯郸市太极拳高校联谊赛上，我协会连续获得团体一等奖，个人器械和套路比赛上人才辈出；2009年邯郸·肥乡"太极酒业杯"太极运动会和2010年"陶瓷杯"杨式太极拳械比赛上，我协会代表邯郸学院参加比赛，均夺得集体项目"一等奖"，并在个人比赛中获得多枚奖牌，为我校和协会赢得荣誉。2013年全年协会参加了：邯郸市"逸轩杯"第四届高校太极拳、械交流大赛，由北京武魂杂志社主办的全国"武魂精英"交流大赛，邯郸市太极拳、器械选拔赛，河北省第十四届太极拳运动会，第十二届国际太极拳交流赛等大型比赛，夺得团体、个人荣誉不计其数，成果令人瞩目，为我协会增添了光彩。今年年初我社成员代表我校参加河北省第六届大中学生武术比赛，共参赛六项夺得五项冠军。2016年参加"河北省第七届大中学生武术大赛"，荣获三项个人冠军，并获得男子团体第二，女子团体第一的优秀成绩，再为学校和协会争了光！

十年风雨，有欢乐有苦累，我们收获拳术，增长阅历，圆满心性，每天早晚包括节假日坚持训练拳术，不断挑战，不断超越，为着对太极的热爱，为着对生活的希望，为着对文化的传承，我们将一如既往……

二、邯郸学院传统杨氏太极拳研究会主要活动及成就

| 时间（年） | 活动 | 荣誉 | 集体赛 | 个人赛 一等奖 | 个人赛 二等奖 | 个人赛 三等奖 | 奖牌数 |
| --- | --- | --- | --- | --- | --- | --- | --- |
| 2006 | 社团成立 | | | | | | |
| 2009 | 邯郸·肥乡"太极酒业杯"太极运动会 | | 一等奖 | 5名 | 7名 | | 12 |
| 2011 | 评级 | 精品社团 | | | | | |
| | 邯郸市太极拳运动展示大赛 | | 一等奖 | 4名 | 7名 | 8名 | 19 |
| 2012 | 评级 | 精品社团 | | | | | |
| | 第六届永年广府太极拳年会 | | 一等奖 | 5名 | 8名 | 8名 | 21 |

续表

| 时间（年） | 活动 | 荣誉 | 集体赛 | 个人赛 一等奖 | 个人赛 二等奖 | 个人赛 三等奖 | 奖牌数 |
|---|---|---|---|---|---|---|---|
| 2013 | 评级 | 精品社团 | | | | | |
| | 邯郸市"逸轩杯"第四届高校太极拳、械交流大赛 | | 一等奖 | 4名 | | 9名 | |
| | 全国"武魂精英"交流大赛 | | 二等奖 | 4名 | 6名 | 10名 | |
| | 邯郸市太极拳、器械选拔赛 | | 一等奖 | 4名 | | 10名 | |
| | 河北省第十四届太极拳运动会 | | 三等奖 | 4名 | 7名 | 7名 | |
| | 第十二届国际太极拳交流赛 | | 一等奖 | 3名 | 8名 | 7名 | |
| 2014 | 评级 | 精品社团 | | | | | |
| | 第八届永年广府太极拳年会 | | 一等奖 | 2名 | 4名 | 6名 | 12 |
| | 河北省第十四届运动会 | | 二等奖 | 3名 | 6名 | 8名 | 17 |
| 2015 | 邯郸市第六届大学生院校太极拳·械展示交流赛 | | 一等奖 | 5名 | 7名 | 8名 | 20 |
| | 河北省第六届大中学生武术比赛 | | 一等奖 | 4名 | 8名 | 10名 | 23 |
| 2016 | 河北省第七届大中学生武术比赛 | 四星社团 | 三等奖 | 2名 | 5名 | 8名 | 15 |
| 2017 | 邯郸市第七届大学生院校太极拳·械展示交流赛暨高校十周年庆 | | 一等奖 | 6名 | 12名 | 19名 | 15 |

## 第二节 传统武式太极拳协会

一、基本情况

社团名称：传统武式太极拳协会

创办时间：2006年

所属单位：邯郸学院·文史学院

总教练：邯郸市太极拳协会荣誉会长祁悦曾

指导老师：太极学院胡云飞老师

规模：50人/年

协会新浪微博——邯郸学院传统武式太极拳

二、指导老师情况

武式太极拳当代传承：由于传承拳师个人因素和地域文化因素的影响，"武派"太极拳承传至今大致可分为四大支系，一是以韩钦贤、李圣端、李香远等师兄弟们传下的马荣、陈固安、吴文翰等人，他们集中在河北、北京一带；二是以郝为真之孙郝少如在上海一带的传人浦公达、郝向荣、刘积顺等人；三是以武李后人传下的以祁锡书、姚继祖为代表的河北广府拳师；四是以郝为真的弟子阎志高传至东北一带的弟子。

总教练简介：祁悦曾，广府永年人，武式太极拳第五代传人，武式太极拳大师祁锡书之子，邯郸市太极拳协会副会长，邯郸市武式太极拳协会会长。

祁家为武术世家，因与"武派"祖师武禹襄有血缘之亲、同乡之谊而得到武禹襄真传。而后祁家更兼得"武李"两家之真传。

## 第三节　极韵武术太极文化交流社团

一、社团简介

极韵武术太极文化交流社团成立于2014年，隶属邯郸学院太极文化学院。是由太极文化学院学生共同发起组建的以陈氏太极拳文化学习、交流为主的学生社团。社团本着"文以修心，武以健身"的宗旨，让大家在培养兴趣特长的同时，强健体魄，陶冶情操。让大家在掌握必备的武术基本功、陈氏传统太极拳、械的基础上，还要了解相应的中国传统文化、武术及太极拳史等，正所谓"一文一武一太极"。另外，还要外出参加比赛交流，积极参加社团内外及社会各项活动，为同学们提供充分展示才华的机会。积极响应校社联组织的活动，遵守校社联的章程，不断地做好社团工作。

二、极韵武术太极文化交流社规划

社团在新的学期开学前把陈氏太极文化交流社的各项工作做好，顺利开展各项活动，将我们学陈氏太极文化交流社的品牌打响。为此，有如下规划：

| 序号 | 时间 | 工作内容 | 备注 |
| --- | --- | --- | --- |
| 1 | 第一、二周 | 完成陈氏太极文化交流社的开学注册工作，张贴海报公示，并注明具体招收社员时间（第三周内），同时完成内部领导的完善与工作分配。 | |
| 2 | 第三、四周 | 完成新社员招收工作，确定新社员并做好相关通信录、备案，举办迎新联谊会。 | |
| 3 | 第五、六周 | 正式进入训练阶段，以武术基本功和武术常识为主。 | |
| 4 | 第七、八、九周 | 在体能和柔韧训练基础上，开始学习简化陈氏太极拳，包括桩功和缠丝劲的练习，同时学习中国传统太极文化。 | |
| 5 | 第十、十一、十二周 | 在体能和柔韧训练的基础上，开始学习简化陈氏太极拳和太极器械，并对陈氏太极的桩功和缠丝劲进行学习以及基本掌握中国传统太极文化。 | |

续表

| 序号 | 时间 | 工作内容 | 备注 |
|---|---|---|---|
| 6 | 第十三、十四周 | 做好社团的总结工作,包括一学期社团的收获与不足,每个社员的工作情况,资金汇总。 | |
| 7 | 第十五、十六周 | 做好本学期收尾工作,开社团内部会议,并对下学期工作做计划。 | |

三、主要成果

2016年1月11日,太极文化学院《武极韵》节目代表邯郸学院参赛,以河北区冠军的成绩入围河北民间春晚的录制。

"中国民间春晚"由中国民间春晚组委会主办,全国按22个赛区选拔,各分赛区优胜节目入围北京决赛。河北分赛区共有全省各地110多个节目参加了2016年度优秀节目的选拔。太极文化学院"极韵武术太极拳社"的《武极韵》以太极拳神韵传达中国传统文化内涵,一路闯入河北区半决赛、决赛,并将参加河北卫视民间春晚节目的录制。2016年春节期间,本节目将在河北卫视、石家庄电视台及各大网站进行直播。

我校节目参赛过程中得到评委、观众的极大关注,获得河北区"人气王冠军"称号。参加河北卫视节目录制后,即将代表河北省参加全国总决赛。

四、社团影响

极韵武术太极拳社自成立以来,在社长和指导老师的带领下,社员都积极进取、不断超越,先后有20余人考取武术3段,有10人在校内以及国际武术比赛上摘金夺银。社长张扬更是受邀参加了《河南电视台武术世界频道》功夫秀的拍摄。拳社在活动的参与上更是多种多样,所获得的赞誉更是不胜枚举,搜狐网、大燕网、邯郸新闻网、石家庄报、世界太极拳网等各大媒体网站都有相关活动的报道,曾受到老师的高度赞扬,是学生们最热捧的武术社团。

# 第七篇  活动之音

邯郸学院校园太极特色文化除了有学校领导高瞻远瞩的发展战略思想指导和政策扶持外,全校领导和师生还通过各种方式与社会各界进行了全方位、多层面的联系、沟通与交流,无论从太极文化的学术、技术、发展与推广、社会服务、基地建设等方面均取得了丰富成果。

从2013年至今,学校先后派队组织或参与国内外太极拳赛事活动25项,参加各类太极拳表演活动7场,举办国内外太极文化交流活动32场次,建设太极拳培训基地7个,组织举办校内太极拳培训班5期。成绩斐然,社会反响强烈,学校社会知名度、美誉度均有所提高。

## 第一章  竞赛活动

一、学校太极拳代表队赴港参加太极拳比赛

2013年8月3日下午,校长马计斌、党委副书记董海林为我校赴港参加2013年第八届香港国际武术比赛的代表团送行。

香港国际武术比赛是世界性武术赛事,已成功举办七届。第八届香港国际武术比赛于2013年8月5日至8日在香港九龙湾国际展贸中心举行。我校组成了由太极文化工委书记段玉铭任团长的八人太极拳代表团参加本届比赛,参赛的六名队员从我校太极拳教练和2011级体育教育(太极拳)专业学生中选拔而来。运动员们不畏酷暑,利用假期进行了为期20天的集训。8月3日下午，马计斌校长、董海林副书记在逸夫广场观看了参赛师生的太极拳汇报表演，为代表团加油鼓劲。

观看汇报表演后，马计斌校长充分肯定了运动员们艰苦训练的精神以及表现出来的太极拳水平，并代表学校党委、行政为代表团送行。马校长预祝代表团赛出水平取得佳绩，希望代表团在港期间展现邯郸学院的风采，广交朋友，肩负起宣传邯郸学院的任务。马校长对赴港参赛的饮食、伤病、安全等方面的预案进行了详细的了解，要求代表团要把健康和安全作为赴港参赛的第一要务加以重视。党委副书记董海林也发表了热情洋溢的讲话，表示将恭候代表团胜利归来。

二、我校太极拳代表队参加第八届香港国际武术比赛

2016年8月5日至8日，我校太极拳代表队，在邯郸学院太极文化工委书记段玉铭和太极文化学院执行院长、体育学院副院长马建华的率领下，一行8人参加了第八届香港国际武术比赛。姚志公、刘彦军两位老师和陈占房、尹升亮、赵改秀、范亚军4名学生，分别参加了男子中老年组，男子、女子青年组杨式、武式太极拳18个项目的比赛，我校代表队荣获最佳运动队称号，取得了10枚金牌的优异成绩。

香港国际武术比赛是以"弘扬中华文化，促进文明健康"为宗旨，以"武术源于中国，属于世界"为主题的国际性赛事，已连续举办

了八届。本届有中国、美国、俄罗斯、希腊、德国、意大利、加拿大、韩国等50多个国家和地区的1500余名选手参赛,年龄最小的3岁,最大的89岁。比赛规范、严谨,内容丰富,涵盖各个拳种、各个流派,参赛选手之多,年龄跨度之大,影响范围之广,赛事规模之大,超过历届。

国内参加比赛的高校有浙江大学、首都体育学院、上海体育学院、山东师范大学等,我校是首次参赛,也是河北省唯一参赛高校。运动员场上娴熟的技术动作,深厚的太极功夫,英姿飒爽的风采,取得了骄人的成绩。场下谦虚好学,博采众长的精神,收到了中外人士的关注和好评,充分展示了邯郸学院的形象。通过比赛宣传了河北,宣传了邯郸,宣传了邯郸学院办学特色,开阔了眼界,广交了朋友。

比赛期间我校代表队拜会了大赛组委会主任奚财林,香港杨式太极拳创会主席马伟焕,大会名誉主席、中国武术九段、李连杰师傅吴斌,大赛总裁判长、中国武术九段王培昆,在海外享有盛誉的杨式太极拳传人付清泉,台湾中华少林道协会理事长陈清钦,共同就当今国际武术发展动向,太极拳在世界范围内的发展态势以及国内外对太极拳人才的需求等进行了座谈。

通过参加此次大赛,我们不但开阔了眼界,结交了朋友,而且找到了不足和今后努力的方向,更加坚定了办好太极拳专业、优化太极拳学科建设的信心,更加坚定了科学化传承太极拳,国际化传播太极拳,大众化普及太极拳的方向。

三、第三届全国"市长杯"武术太极拳比赛

2013年8月17日至8月19日,第三届全国"市长杯"武术太极拳比赛在厦门举行,受河北省武术协会委托,我校派出太极工委书记段玉铭和原副校长郭振兴代表河北省参赛。最终我校获得了1枚银牌、1枚铜牌和一个第

五名的好成绩，其中郭振兴获得太极刀的银牌和武式太极拳的铜牌，段玉铭获得传统杨式太极拳的第五名，两人还分别获得最佳表演奖和最佳武德风尚奖。本届大赛由国家体育总局武术运动管理中心中国武术协会主办，福建省武术协会和厦门市武术协会承办，是国家武管中心的正式比赛。本次比赛共有全国11个省市自治区和部队的代表队参加。

大会期间，段玉铭和郭振兴还拜会了国家武管中心副主任陈国荣，介绍了我校太极文化建设情况，访问了厦门大学，就相关合作事宜进行了接洽。

四、我校成功举办"第十五届太极拳教学交流比赛"

2013年11月3日上午，我院在"心"文化广场隆重举办了邯郸学院第十五届太极拳教学交流比赛。各院系根据赛程安排，前期各自举行了班级赛、年级赛等初赛，选拔出了优秀的选手，最后有11个系（院）代表队参加了最后的决赛。本着"公开、公平、公正"的原则，经过评委的严格评判，比赛的一、二、三等奖花落各家。

通过组织太极拳教学交流比赛，既强健了学生们的体魄，丰富了校园体育生活，又弘扬了中华传统文化，同时也增进了各院系之间的友谊，增强了凝聚力和向心力，促进了校风的和谐发展。

本次比赛任务布置后，各院系领导高度重视，积极准备。统一服装，整齐划一的动作，别出心裁的入场和展演形式，充分展现了邯郸学院师生的创新精神、优异的竞技水平和良好的精神风貌。尤其外国语学院、石云霞副院长亲自到赛场指导学生参赛，赛后还提出了诸多关于学校如何发展太极拳文化的建议，并表示外国语学院准备组织学生开展太极扇、趣味运动会等活动。

"太极拳教学交流比赛"是我校的常规赛事活动，每年5月下旬为个人赛；10月下旬为集体赛，已成功举办了15届。本届共有11个系院部500余名同学和教师参与，经过激烈的角逐，最后历史系以充分的准备和完美的演练摘得了冠军。数学系、艺术学院、化学系、外国语学院、信息工程学院、中文系、生物科学系、物理与电气工程系、地理旅游系、教育学院也都取得了良好的成绩。

五、太极拳代表队在邯郸首届全国"武魂精英"交流大赛

2013年12月21日至22日，太极文化学院太极拳运动队代表我校参加了在邯郸职业技术学院举行的邯郸首届全国"武魂精英"交流大赛并获佳绩。

首届全国"武魂精英"交流大赛由邯郸市体育总会主办，邯郸职业技术学院、邯郸学院承办，《武魂》杂志编辑部、邯郸太极文化学院等单位协办。来自全国各地的近百支代表队1700余名运动员参加了此项赛事。邯郸太极文化学院80余名太极拳专业学生组成的邯郸学院太极拳代表队分别参加了太极拳套路、器械、推手三大类的比赛。赛场上，我校太极拳代表队奋勇拼搏，一举夺得60块金牌的优异

成绩。其中，9名同学获得不同级别的推手金牌。刁大洲战胜各级别推手冠军，荣获男子推手"王中王"荣誉称号；马紫鑫战胜各级别推手冠军，荣获女子推手"王中王"荣誉称号。

作为协办单位，邯郸太极文化学院派出由李建设主任带队的5名教练员、15名裁判员、20多名志愿者、80多名运动员，全程参与了赛事的组织、编排、裁判等技术理论指导服务工作及比赛活动，全方面锻炼了队伍，展示了邯郸学院太极拳办学特色、教学能力和技术水平，得到社会的认可与称赞。

六、我校赴"中国焦作国际太极拳交流大赛"代表队参赛

2013年8月19日至26日，我院太极拳代表队，在邯郸学院太极拳总教练、体育学院李建设副教授和杨式太极拳教练刘彦军老师、武式太极拳教练李建民老师的带领下，一行21人参加了"第七届中国焦作国际太极拳交流大赛"。19名队员分别参加了75公斤级、80公斤以上两个级别的擂台推手比赛和女子传统武式太极拳（械）、男子传统武式太极拳（械）、女子传统杨式太极拳（械）、男子传统杨式太极拳（械）及集体太极拳等九项套路比赛。赛场上下师生同心协力，刻苦锻炼、奋勇拼搏，一举摘取了75公斤级推手擂台赛冠军和80公斤以上级季军，并取得单项一等奖8项、二等奖10项、三等奖12项，集体太极拳比赛二等奖，共收获40枚奖牌的优异成绩。

其中，获得一等奖的有李建民老师演练的传统武式太极拳、殷升亮演练的武式太极拳刀、刘洋演练的杨式太极拳、王园园演练的杨式太极拳和

杨式太极刀、赵改秀演练的杨式太极拳以及范亚军演练的武式太极拳和武式太极刀。

中国焦作国际太极拳交流大赛是由国家体育总局武术运动管理中心、中国武术协会、河南省体育局、焦作市人民政府共同主办的一项综合性太极拳赛事活动，自2000年以来已成功举办了六届。

本届有中国、美国、俄罗斯、希腊、德国、意大利、加拿大、韩国等35个国家和地区的400多支代表队，共3895名选手参赛，其中包括上海体育学院、复旦大学、兰州交通大学、内蒙古师范大学、焦作大学等在内的20只国内高校代表队，比赛竞争异常激烈。

大赛期间，郭振兴等院领导到现场看望、慰问了参赛师生。

我校太极拳代表队虽然首次参加此类赛事，但师生们场上奋勇拼搏，场下谦虚好学，赛出了水平、赛出了风格，充分展示了邯郸学院太极拳办学特色、技术水平和教学能力，得到了社会的认可。起到了宣传邯郸学院、宣传邯郸、宣传河北特色文化的作用。

七、校长马计斌、党委副书记董海林视察太极文化学院假期集训工作

2014年1月15日上午，邯郸学院马计斌校长、党委副书记董海林同志放弃休息时间莅临邯郸学院太极拳训练馆，视察了太极文化学院寒假集训工作。

为提高太极学院学生综合素质，迎接2014年国内外太极拳重大赛事交流活动，太极文化学院在假期开展了集训工作。集训内容包括太极拳推手、太极拳传统套路、太极拳竞赛套路和太极器械等四大类、十六个单项。

学校领导对集训工作给予了高度重视，马校长、董书记分别对集训工作做出了指导、提出了建议，并对大力弘扬与发展我校特色太极文化寄予

厚望。

太极文化学院在学校的重视与校领导的关心下，正在稳步成长与发展壮大，不久将会真正成为我校对外交流的窗口与名片。

八、我校太极拳集训队参加第八届永年广府太极拳年会

我院太极拳集训队于2014年2月11日至13日参加了在广府镇第九中学举办的永年广府第八届太极拳年会，并获得六金、八银、六铜的好成绩。

广府太极拳年会是广府镇每年一届的传统太极拳赛事。杨、武式太极拳发源地深厚的太极文化底蕴深深吸引着周围省市太极拳爱好者的目光，每届年会都汇聚了大批太极拳民间高手。因此，此项赛事规模不大，但水平较高。第八届年会设立了包括国家竞赛套路在内的陈、杨、吴、武、孙、赵堡六大流派的套路、器械、推手比赛项目，近千名运动员参加了比赛。为锻炼队伍，备战第十二届邯郸国际太极拳运动大会，我校太极文化学院太极拳集训队选派14名运动员参加此项赛事，并组织30名集训队员进行了观摩。

比赛结束后，太极文化学院组织集训队对前一阶段的训练进行了总结。每个队员针对自己的训练写了出书面总结，肯定成绩，寻找不足，总结经验，明确后期训练提高方向。目前，队员训练的主动性显著增强，精神面貌焕然一新。

九、邯郸学院全面备战第十二届中国·邯郸国际太极拳运动大会

2014年3月21日下午5时，邯郸学院召开会议，迅速传达贯彻市政府召开的第十二届中国·邯郸国际太极拳运动大会动员会议精神。校长马计斌，党委副书记王志勇、董海林，副校长娄存江，纪委书记允殿魁，党委常委邢保良，校长助理柴兴泉及党政办公室、组织部、宣传部、学工部、科研

处、保卫处、太极文化学院等有关单位参加了会议。董海林副书记传达了市政府会议和回建市长讲话精神。校长马计斌就落实会议精神讲了具体意见。他指出，举办第十二届中国·邯郸国际太极拳运动大会是我市的一件大事、喜事和盛事，对于弘扬优秀中华传统文化，提升邯郸形象，促进我市文化、体育、旅游等相关产业发展，加快建设宜居宜业宜游的富强邯郸、美丽邯郸具有十分重要的意义。举办第十二届中国·邯郸国际太极拳运动大会，也是我们邯郸学院打造太极文化办学特色的重要机遇。为办好这次大会贡献力量，是我们责无旁贷的义务。我们一定要主动参与，勇于担当，按照《第十二届中国·邯郸国际太极拳运动大会筹备工作总体方案》的要求，全力组织好太极文化发展研讨会、太极拳学术报告会和太极拳段位制技法展示活动。他强调，各部门、各单位一定要高度重视，精心筹备，团结协作，狠抓落实，在这次活动中提升品位、提升质量、提升形象，出成果、出精品、出人才，加快推进应用技术型大学的建设进程。他要求3月25日以前要制订实施方案，经学校领导研究审定后，报上级机关批准。

会议还宣布了邯郸学院参加第十二届中国·邯郸国际太极拳运动大会筹备工作领导小组及办公室、各工作组，并明确了职责分工。

十、我校成功举办 2014 年首届邯郸学院太极拳大赛

2014 年 6 月 8 日，首届邯郸学院太极拳大赛在心石广场成功举办。我校校长马计斌、党委副书记董海林、党委常委邢保良、原我校副校长郭振兴、太极文化学院院长田金龙、党总支副书记李建设、校团委书记崔志博等参加了开幕式。马计斌校长为开幕式致辞，董海林副书记宣布大赛开幕。随后，马计斌、董海林、邢保良、郭振兴、刘彦军在开幕式上表演了杨式太极刀。

本次大赛由学工部、校团委、太极文化学院主办，太极文化学院学工办、太极文化学院团委、校学生会、太极文化学院学生会、杨式太极拳振基学会承办。举办此次大赛目的是推广太极拳，弘扬太极文化，凸显我校办学特色。时值第十二届中国·邯郸国际太极拳运动大会即将召开之际，我校是大会成员单位之一，此次校内太极拳大赛，在校内营造了浓厚的太极文化气氛，对即将在我校举行的第十二届中国·邯郸国际太极拳运动大会太极拳学术报告会和太极段位制技法展示活动有一定的推动作用。

本次大赛共分为杨氏传统太极拳、太极器械，武氏传统太极拳、太极器械，国家竞赛套路、团体比赛和推手比赛。本次太极推手比赛共决出男女王中王各一名、各公斤级第一名计 20 名、第二名计 20 名、第三名计 20 名，太

极拳套路比赛共决出一等奖50名、二等奖100名、三等奖120名。

十一、我校太极拳代表队参加第三届澳门国际武术节暨澳门国际武道大赛

2014年第三届澳门国际武术节暨澳门国际武道大赛于6月8日至11日在澳门东亚运动会体育馆成功举办。我校应邀参赛，太极文化学院选派一支由1名教练和6名队员组成的邯郸学院太极拳代表队。

本次赛事的宗旨是"崇德尚武、弘扬中华功夫文化"，以推进国际武术文化交流，增进友谊，提高技艺为目的。赛间各队员展现出顽强拼搏的精神，共参加18个项目，并取得11项第一名，4项第二名，3项第三名的佳绩。

同时开幕式中我校与澳门大学、华中师范大学三所高校举行互换锦旗活动仪式，以增进高校间友谊交流。

十二、邯郸学院代表队参加第十二届中国·邯郸国际太极拳运动大会

第十二届中国·邯郸国际太极拳运动大会于6月15日下午5点54分华丽闭幕，本次大会共有25个省（市、自治区）170支代表队；19个国家和地区（含港、澳、台）27支代表队的1247名选手参加比赛。经过三天激烈的角逐，由太极文化学院的40名优秀运动员组建的邯郸学院代表队，共获得17个一等奖，32个二等奖，24个三等奖和团体一等奖、三等奖，充分展现出我校学生的

精湛实力！

十三、院领导参加"2014年全国'市长杯'武术太极拳比赛"

6月18日至20日，"2014年全国'市长杯'武术太极拳比赛暨武术太极拳论坛"在海南博鳌成功举办。由马计斌校长带队，党委副书记王志勇、党委副书记董海林、党委常委邢保良、副校长王虎平、原党委副书记段玉铭、原副校长郭振兴组成的邯郸学院代表队参加了此次比赛。比赛中，邯郸学院代表队发扬团结协作、勇于拼搏的精神，取得了集体器械、男子甲组杨式太极拳、男子甲组太极刀、男子丙组杨式太极拳、男子丁组杨式太极拳、男子丙组太极刀、男子丙组杨式太极剑7个项目7块金牌以及8银4铜，金牌总数及奖牌总数第一的佳绩。比赛中，我校校领导良好的精神风貌、整齐的架式招法赢得了裁判、其他参赛运动员及观众的认可和赞扬，赢得了阵阵掌声。比赛中场休息时，校长马计斌、原副校长郭振兴分别接受了海口电视台等新闻媒体的专访。这次比赛有力弘扬了我校太极办学特色，塑造了我校良好的对外形象，进一步提升了我校的知名度和美誉度，收获很大。

返程途中，按照既定行程安排，校长马计斌一行9人到河南大学进行考察访问。座谈中，马计斌校长首先介绍了我院的办学

特色和太极文化建设情况，河南大学党委常务副书记梁晓夏、副校长邢勇等校领导介绍了河南大学在综合改革、协同创新、服务社会等方面取得的经验和成就。交流过程中，气氛热烈，态度诚恳，双方在协同创新中心建设、地方文化研究、化工产业联盟等方面达成了初步合作意向和共识。

此次出行行程安排紧，完成任务多，取得了很大的成绩，交上了一份满意的答卷。

十四、我校参加2014年中国大学生武术锦标赛暨高等院校"校长杯"太极拳比赛

7月13日至17日，2014年中国大学生武术锦标赛暨高等院校"校长杯"太极拳比赛在吉林省长春市东北师范大学体育馆隆重举行，来自全国各高校53个代表团近500人参加此项比赛。我校选派了由党委副书记王志勇、副校长吴长增、副校长娄存江、原党委副书记段玉铭、原副校长郭振兴组成的代表团和由10名太极文化学院学生组成的邯郸学院大学生代表团前往长春参加比赛。

在"校长杯"太极拳比赛中，我校各位领导努力拼搏，超常发挥，取得了28式太极拳、简化太极拳、杨式传统太极拳、武氏太极拳、杨式太极刀、杨式太极剑8个个人项目和集体太极拳、集体太极刀2个集体项目10块金牌的佳绩。位列所有参赛高校第一名，并获得了组委会和中国大学生体育协会民族传统体育分会领导的高度评价。

在大学生武术锦标赛中，我

校大学生代表团顽强拼搏，展现了邯郸学院的风采，获得优异成绩，共获11项奖项1块金牌，其中传统武式太极拳第一，42式太极剑和传统武式太极拳2项第四，传统杨式太极拳第六，传统杨式太极拳、太极刀、太极剑和太极杆4项第七，武式太极拳、42式太极剑、太极剑3项第八。

这次参赛，锻炼了队伍，使选手了解了国家级比赛的层次、套路、水平，为促进我校太极文化建设上标准、提水平、扩影响打下了良好的基础。

十五、我校太极拳代表队参加第一届全国武术运动大会

8月8日至9日，2014年第一届全国武术运动大会在天津工业大学隆重举行。我校太极拳代表队应邀参加段位制表演赛与太极拳推手表演赛，获得优异成绩。

全国武术运动大会是突破以往单项赛事惯例的新型模式的综合型武术运动会，代表着中国武术的最高水平。大会的目的是进一步推动我国传统武术和竞技武术的协调发展，展示武术运动综合实力，彰显东方体育文化特色，弘扬传统民族精神。第一届全国武术运动大会设有竞赛项目、表演项目和武术文化展示三大部分，共计44个分项，103个小项，全国有33个省市单位报名参赛。我校派出一支由20人组成的太极拳代表队，分别参加段位制表演赛和推手表演赛中三个项目的比赛。

其中段位制表演赛项目突破9分线，达到国家优秀水平荣获优秀奖，推手表演赛项目四位选手也获得两银两铜的佳绩。

在两天的激烈角逐中，我校代表队克服赛前被迫临时换人、赛程密集等困难，面对众多专业队敢打敢拼，表现出了良好的比赛作风。代表队在比赛中开阔了眼界，积累了经验，看到不足的同时也为今后争取更优异的成绩树立了信心。

十六、我院师生参加"全国第二届意拳推手交流大会"

为了继承和弘扬中国传统武术精神，服务全民健身运动，为武术界同门提供一个交流技艺、增进情感、探讨学术、共谋发展的平台，由邯郸职业技术学院、中国意拳国际联盟主办、邯郸职业技术学院体育系、邯郸市意拳专业委员会承办的"2014第二届全国意拳交流大会暨武术推手、散手王中王争霸赛"于2014年11月28日至30日，在邯郸职业技术学院举办。

此次交流大会邀请了业内权威人士、社会各界名流、各方武术名家和武林高手与会，可谓"四海英杰聚赵都，八方贤俊会邯郸"，我邯郸学院太极文化学院共派出刁大洲等11名运动员参加了此次大会。

通过激烈的角逐，在男子A组总共的8枚金牌中，我院摘取了其中的5枚，分别为卢楚原（55kg）、胡云飞（60kg）、董志旺（65kg）、张巍伟（70kg）、刁大洲（80kg）。在比赛过程中，我院师生团结一致，不畏强敌，奋力拼搏，打出了风格，打出了特色，向观众展示了太极文化学院的教学成就，展示了太极推手的独特魅力。邯郸学院太极文化学院参加此次大会具有里程碑式的意义。通过此次大会，结束了以往邯郸摔跤独占赛场的历史，开创了邯郸学院太极文化学院独领风骚的时代！

通过此次大会，我们也看到了自己的不足与缺陷，缺少丰富的临场经验，不能控制住比赛的节奏，等等。太极文化学院的健儿会在院领导的带领下，在田院长"三摇三摆"技术体系的学习中，戒骄戒躁，再接再厉，勤奋学习，刻苦训练，不断总结与提高，争取在今后的比赛中取得更优异的成绩！

十七、邯郸学院举行太极拳团体比赛

为突出邯郸学院"太极文化特色办学"理念，继承和发扬传统太极拳精髓，由邯郸学院学工部（团委）、太极文化学院联合主办的2014邯郸学院太极拳团体比赛于12月4日下午在心石广场举行。

此次比赛共有13个院系代表队参赛和表演。在悠扬的太极音乐声中，各院系学生全身心地投入比赛。经过激烈的角逐，各奖项花落各家，获得一等奖的院系是：传媒学院。获得二等奖的院系是：外国语学院、经济管理学院、化学化工与材料学院。获得三等奖的院系是：软件学院、教育学院、生命科学与工程学院、机电学院、文史学院。获得优秀组织奖的院系是：太极文化学院、传媒学院。获得道德风尚奖的院系是：艺术学院、教育学院。获得优秀奖的院系是：数理学院、信息工程学院、艺术学院。本次比赛提高了学生的思想素质、道德修养，增强了同学之间的集体团队意识，提高了大学生对传统文化的兴趣。

出席本次比赛的学校领导有：邯郸学院校长马计斌、党委副书记董海林、党委常委邢保良、学工部部长宋继革、校团委书记崔志博。校长马计斌做了热情洋溢的开幕致辞，并即兴表演了太极刀和太极拳。

十八、我校参加河北省第六届大中学生武术比赛

河北省第六届大中学生武术比赛2015年1月5日在河北科技师范学院开幕，我校派出了太极文化学院李建设副书记带队的23名队员参加甲组和乙组的比赛。

我校武术队在校领导的大力支持下，经过一个多月的集训，经过艰苦的锻炼，2015年1月4日至8日在秦皇岛举办的河北省武术大赛中一展风采。全省共41个代表队，我校荣获七枚金牌、五枚银牌、七枚铜牌等，共获得37项奖项。我校代表队荣获金牌总数第三名的好成绩，并获得体育道德风尚奖，取得历史最好成绩。

其中来自软件学院的张贺昭获得男子乙组32式太极剑冠军，来自外国语学院的韩针获得女子乙组32式太极剑冠军，来自太极学院的刘陆和范亚军分别获得女子甲组24式太极拳和女子甲组42式太极拳冠军。同时，我校选手还获得女子乙组32式太极剑亚军和第三名，男子乙组32式太极剑获得第三名、第四名、第五名、第六名的佳绩。

十九、邯郸学院举办邯郸首届高校太极拳邀请赛

邯郸作为太极之乡，是杨氏、武氏太极拳的发源地，在世界上都享誉

盛名；近年来，国家又大力发展和弘扬太极拳。在此背景下，2015年5月16日，在邯郸学院心石广场举行了2015邯郸首届高校太极拳邀请赛。出席此次开幕式的领导和嘉宾有邯郸学院校长马计斌教授，共青团邯郸市委副书记董淑艳女士，河北省太极拳协会秘书长、原邯郸学院党委副书记段玉铭，河北省太极拳协会副会长、原邯郸学院副校长郭振兴，邯郸学院学工部部长宋继革，校团委书记崔志博，太极文化学院副院长刘文星，太极文化学院党总支副书记李建设，以及各院系领导、参赛队教练员、大赛裁判员和参赛选手。

本次大赛由邯郸市团市委及邯郸学院校团委主办，邯郸学院太极文化学院承办，河北工程大学校团委、邯郸职业技术学院校团委、河北司法警官职业学院校团委共同协办，参赛选手为四所高校在校大学生，共计百余名。比赛组别分为甲组和乙组，形式为个人赛和团体赛，奖项设置有个人赛和团体赛的一、二、三等奖。此次活动的目的旨在提高校园太极文化氛围，丰富大家的课外娱乐生活，提升学生的生活品质，为同学们创造更好的交流、娱乐和自我展示的平台，让同学们在繁忙的学习之余能够锻炼身体，放松心情，以更好地对待今后的学习，更好地推动太极拳的普及和发展，调动同学们练拳的热情。

在比赛中，裁判员公平、公正、严谨执法，参赛队员严肃、认真地进

行比赛，展现出了最好的竞技状态和竞技水平。在大家的共同努力下，本次比赛进行得非常顺利，最终圆满结束，得到了各位领导的赞扬和肯定。我们希望将这次比赛的传统延续下去，为我市太极拳发展做出应有的贡献。

二十、邯郸学院选手参加"TMCC太极拳格斗精英赛"

2015年6月17日至6月20日，邯郸学院太极文化学院师生参加了"2016首届中国·古武当国际武学交流大会"，并在6月19日至20日举办的"TMCC太极拳格斗国际精英赛"中包揽7枚金牌及"王中王争霸赛"中的冠、亚、季军，荣获大满贯，成为云集国内外高手，以发现太极拳格斗精英的顶级品牌赛事——"TMCC太极拳格斗精英赛"上的一大亮点。

开幕式上，来自中国、韩国、日本、澳大利亚、德国等多个国家和地区的数百位名家与参赛选手欢聚一堂，共同祭拜三丰堂，一起见证了"中国武学文化碑林奠基仪式"及三位武学名家古武当山工作室的成立。其中，邯郸学院太极文化学院院长田金龙教授的"田金龙古武当山工作室"在大家的祝福声中挂牌。

大赛期间，邯郸学院的14位参赛选手，冒着高温，奋勇拼搏，经过"65公斤到无差别级"及女子推手等级别赛事的激烈角逐，包揽了全部冠军。其中，由各级别赛冠亚军组成的12位优胜选手（邯郸学院有7位选手）参加了最终的"王中王争霸赛"。特别是本次参赛的一些小将，他们虽是大一大二的学生，训练太极拳推手的时间较短，但基于平时的努力和赛场上的优秀表现，一举在云集国内外高手的TMCC品牌赛事中脱颖而出，成为惊艳赛场的黑马。最终，刁大洲、张自立、胡云飞三位选手分别荣获冠军、亚军、季军。

本次大赛中，邯郸学院师生在赛场上荣获佳绩，实现参赛成绩的新突破。这是太极文化学院的一次练兵赛，是对平时训练成果进行的一次检阅；这是一次展示赛，是对太极文化学院推手教学成果的一次汇报。经过大赛的锤炼，太极文化学院师生表示今后会继续努力，争取更大的成绩。

据悉，本次大会由武安市人民政府主办，国际武学文化发展促进会、河北古武当景区、邯郸学院太极文化学院、邯郸职业技术学院运动与健康系、武安市太极拳协会协办，融汇国际武学名家汇演、武学文化主题书画展及太极拳等各种武术套路、推手、表演、独门绝技等竞技项目。为弘扬太极拳文化，增进全国各地武术及太极拳名家、爱好者的交流合作，发现太极拳格斗的未来之星具有重要意义。

二十一、邯郸学院代表队参加"2016年中国大学生武术锦标赛"

7月18日至22日，2016年中国大学生武术锦标赛在兰州大学举行，来自全国78所院校、81支武术队的657名运动员在金城——兰州展开巅峰对决。太极文化学院的7名同学，在刘文星副院长和徐伟龙老师的带领下，代表邯郸学院参加了本次比赛。

此次中国大学生武术锦标赛分为甲、乙、丙三个组别，甲、乙两组选手中不乏世界武术锦标赛冠军、全国武术锦标赛冠军，大赛的规格及水平都很高。邯郸学院代表队的队员作为体育类专业的学生参加的是甲组比赛，甲组参赛运动员多为武术与民族传统体育专业学生及各高校特招武术运动员，争夺前八名尤其艰难。队员们不畏强手、努力拼搏，王峥、张扬、韩奉孝、许陈义、关悦欣等同学在传统武式太极拳、杨式太极拳、陈式太极拳等项目中获得1个第四名，3个第五名，2个第六名的较好成绩。

中国大学生武术锦标赛由中国大学生体育协会主办，中国大学生体育协会民族传统体育分会承办，目的是为各高校搭建相互学习、相互交流的平台以促进高校武术运动的发展。本次比赛包括拳术、器械、对练项目、段位制系列套路等27个大项1681个单项，参赛高校、运动员数目均为历年最多，并且首次有港澳台地区高校参赛。全国众多高校很重视这一高规格的大学生武术赛事，北京体育大学、武汉体育学院、山东体育学院、北京邮电大学、北京中医药大学、中国人民大学、浙江大学、复旦大学、兰州大学、中山大学、厦门大学、澳门大学等高校均派队参赛。各参赛高校期待通过彼此的交流学习，传承弘扬我国优秀的传统武术技法与博大精深的武学文化，并相约2017年在集美大学再相聚切磋交流。

邯郸学院太极文化学院师生通过参与比赛及现场交流学习，开阔了眼界，了解了当下各高校武术运动发展的趋势和水平，认识到了自己在传统太极拳内涵方面的优势与在竞技武术技术能力方面的不足，为今后更好地开展训练及提升专业技能与素质提供了指导与借鉴。比赛结束后，参赛的同学表示，通过参赛大家见识到了高水平竞技武术的技术风格与竞技水平，这激励着大家以后努力融汇传统武术与竞技武术的风格特点，通过坚持不懈的训练，强化自己的专业技术功底，争取下次大赛取得更好的成绩。

二十二、我校运动员参加首届"协同杯"京津冀太极拳交流赛

2016年9月26日，中国·邯郸第十三届太极运动大会在杨、武式太极拳发祥地永年广府隆重开幕。27日下午，首届"协同杯"京津冀太极拳交流赛在广府古城脚下举行。擂台正中央硕大的"擂"字高高悬起，四周彩旗飘扬，人流如织。深秋的北风带着丝丝寒意，阴沉的天空可能随时会下起雨来，但工作人员和来自京津冀三地的太极高手摩拳擦掌，热情高涨。我校参赛的运动员在不失时机地进行着战前的最后集训。

下午2：00，裁判员宣誓，运动员检录，比武正式开始。比赛首先进行的是太极拳和器械个人项目，来自京津冀三地的运动员按照检录序号，2人或3人一组同台竞技。马计斌校长参赛的太极剑备受关注：劲力顺达，力点准确，势动神随，身剑协调，赢得观众的热烈掌声，获得男子太极剑一等奖。杨银峰获得女子杨氏太极拳一等奖，张莉、石云霞、杨贵亭、王丽萍获二等奖；马建华、李海顺获男子杨氏太极拳一等奖，马计斌、李玉成获二等奖。在团体项目比赛中有五支队伍参赛，我校的男子代表队和女子代表队都展示出了良好的竞技状态和水平。裁判组经认真评判，我校女队获得团体比赛一等奖，男队获得二等奖。

梅花香自苦寒来。我校接到比赛通知时已临近暑假，校领导对这次比赛高度重视，马计斌校长、邢保良常委多次研究布置有关事项并亲自到现

场指导队员训练。教练常关成大师、马建华、李建设和全体队员一起不畏艰辛，他们风里来，雨里去，披星戴月、风雨无阻。队员们都能自觉克服困难，服从训练安排，保证训练时间，有的队员整个假期都未安排外出，为集训让路。个别队员住的离学校很远，他们早晨5点多就往学校赶；为保证随时能够练习，专门请杨彦领老师拍摄了常关成大师示范视频资料。不统一集训时，部分队员还自发组织起来，请马建华教练进行带教练习。一分耕耘一分收获，这次比赛取得了优异成绩，是对全体队员的褒奖和鼓励，全体队员一致表示，学习太极拳没有止境，一定要再接再厉，继续学习，不断提高，为学校赢得更多的荣誉，为学校的建设和发展竭尽绵薄之力。

二十三、邯郸学子参加第十三届中国邯郸国际太极拳运动大会推手项目

第十三届中国邯郸国际太极拳运动大会推手项目比赛于9月27、28日于邯钢体育馆隆重举行，广西、四川、北京、河南等全国各地的高手汇集一堂，太极文化学院派出22名推手队员代表邯郸学院参加了此次推手项目的比赛。大会推手比赛分为女子52kg、56kg、65kg；青年男子60kg、65kg、无差级别；成年男子60kg、65kg、70kg、75kg、80kg、85kg、无差级别共13个级别，邯郸学院摘得12枚金牌、5枚银牌、5枚铜牌，取得了大满贯的优异成绩。

面对强手，太极文化学院队员沉着应对，勇于拼搏，在赛场上刮起一场邯郸学院风，"邯郸学院队胜"成为赛场上最频繁响起的声音。

此次比赛虽然硕果累累，但是对于邯郸学院太极拳在全国的发展来讲，以后的路还长。太极文化学院要继续贯彻"教训结合，竞训结合"的方针，以竞训促进教学，推动学科专业建设，提高邯郸学院太极文化对外影响力，为太极文化发展做贡献。

二十四、我校代表队参加邯郸国际太极拳运动大会

2016年9月26日至29日，第十三届中国·邯郸国际太极拳运动大会在邯郸隆重举行，境内26个省份158支代表队、境外24支代表队近2000

名运动员参加比赛。太极文化学院两支套路队、一支推手队共 40 名运动员代表邯郸学院参加了杨式太极拳、武式太极拳、陈式太极拳套路器械和推手等项目的比赛。

　　太极文化学院代表队担负着为学校争取荣誉的任务，太极拳推手队肩负着为邯郸市争夺荣誉的重任。为了完成任务，太极学院 12 名教练员和 40 名运动员暑期进行了 35 天的集训。经过三天的紧张角逐，套路队共获得一等奖 23 项（其中第一名一等奖 7 项、第二名一等奖 4 项、第三名一等奖 3 项），推手队获得推手全部 13 块金牌中的 12 块。

　　在比赛过程中，邯郸学院运动员比赛纪律强，精神风貌好。我校运动员王峥在开幕式上代表全体运动员宣誓，两支套路队获得武德风尚奖，集体太极器械、集体太极拳在近百支代表队中以第二名、第三名的成绩脱颖而出，获得赛场观众最多的掌声，推手队技术突出，席卷推手赛场。

　　作为第十三届中国·邯郸国际太极拳运动大会的协办单位，邯郸学院承接了武林大会的推手赛、太极拳表演以及太极拳运动大会开幕式表演、太极拳推手编排组织、太极论坛、海外段位制考评等工作。学校高度重视该项工作，多次召开调度会，各部门协作联动，最终圆满完成了承接的各项任务。

## 第二章　太极展演

一、我校举办 2012 年太极拳教学交流观摩比赛

　　2012 年 12 月 17 日至 21 日，由体育学院公共体育部组织的太极拳教学交流观摩比赛圆满结束，2012 级本、专科共计 50 个班逐一进行了表演，评委现场打分，在此基础上，教师所授班级的分数之和除以班次即为教师的教学总效果。活动评出太极拳教师教学效果一等奖 1 名，二等奖 2 名，三等奖 3 名。

　　教学交流观摩比赛规范了课堂教学，展现了教学效果，提高了学生练

习和教师传授的积极性,为推广、普及太极拳文化奠定了良好的基础。

据悉,体育学院公共体育部已将每学年第一学期最后一周定为太极拳教学观摩周。

二、我校举办第十四届太极拳教学交流比赛

2013年5月27日至31日,邯郸学院"第十四届太极拳教学交流比赛"在我校学术交流中心广场隆重举办。本次活动在体育学院与太极文化学院教师的精心安排下,各院系根据赛程安排与要求,通过近两个月的前期准备,各自选拔出优秀的选手参加了比赛,最后共有14个院系代表队的221名太极拳精英参加了最后的决赛。比赛本着"公开、公平、公正"的原则,经过评委的严格评判,比赛的各组别前八名花落各家,同时也产生了邯郸学院首批太极推手男、女前八强。太极拳系王泽坤、马紫鑫分获邯郸学院第一届无差别级太极推手比赛男、女冠军。与往届相比,参赛人数和水平均有所提高,参赛项目也由原来的单纯套路比赛扩展到推手比赛。

此次太极拳教学交流比赛极大地提高了学生们的兴趣,丰富了我校太极拳文化内涵,同时也为我校太极拳文化的进一步推广、普及、提高拉开了序幕。通过组织太极拳教学交流比赛,既强健了学生们的体魄,丰富了校园体育生活,又弘扬了中华传统文化,同时也增进了各院系之间的友谊,增强了凝聚力和向心力,促进了校风的和谐发展。

### 三、我校举办2013年太极拳教学交流观摩比赛

为了丰富我校太极拳文化活动，促进我校太极拳文化的进一步推广、普及和把太极拳事业做强做大，做出特色，以便传承、弘扬太极文化，同时也为了规范杨氏太极拳动作规格的教学，展现体育课堂教学成果，提高学生练习和教师讲授的积极性。

2013年12月9日至13日，我院2013级本、专科共计61个班进行了太极拳逐一表演，公共体育部全体教师为各表演班级打分，最后算出某教师所授班级的分数之和除以班次即为该教师的教学总效果，并据此评出了一、二、三等奖。体育学院公共体育部举行的这次活动规范了课堂教学，同时也为推广、普及太极文化奠定了良好的基础。

### 四、校领导到太极文化学院视察指导工作

2014年10月29日下午，邯郸学院党委副书记王志勇、副书记董海林、副校长王虎平等领导来到我校太极馆视察指导工作，太极文化学院副书记李建设陪同校领导一起观看了一场精彩的太极盛宴。期间，校领导还兴致勃勃地和太极文化学院的师生一起打起了杨氏太极拳、练起了太极刀。

表演结束后，校领导询问了太极文化学院今年毕业生就业工作的相关情况。王志勇副书记提出，老师们要多指导学生，多培养太极技术、理论过硬的学生，树立"走出去，引进来"的理念；也提出学校相关领导和国外孔子学院要多沟通、多交流，做好毕业生和相关用人单位的洽谈协商等

工作。董海林副书记表示：要加大对太极文化学院的宣传力度和推广力度，要把学生"推销"出去，让学生多提意见，有困难找老师找领导，多为毕业学生提供就业平台。王虎平副校长强调：要认真落实"十个一"文件的指示精神，学生要学会一手漂亮的毛笔字、学会一口流利的外语、学会一种自己的特长，并且要了解中国传统文化。谈话中，太极文化学院副书记李建设就毕业生工作的具体做法、就业工作瓶颈、就业途径等进行了汇报。

五、我校成功举办"第十五届太极拳教学交流比赛"

2013年11月3日上午，我院在"心"文化广场隆重举办了邯郸学院第十五届太极拳教学交流比赛。各院系根据赛程安排，前期各自举行了班级赛、年级赛等初赛，选拔出了优秀的选手，最后有11个系（院）代表队参加了最后的决赛。本着"公开、公平、公正"的原则，经过评委的严格评判，比赛的一、二、三等奖花落各家。

通过组织太极拳教学交流比赛，既强健了学生们的体魄、丰富了校园体育生活，又弘扬了中华传统文化，同时也增进了各院系之间的友谊，增强了凝聚力和向心力，促进了校风的和谐发展。

本次比赛任务布置后，各院系领导高度重视，积极准备。统一服装，整齐划一的动作，别出心裁的入场和展演形式，充分展现了邯郸学院师生的创新精神、优异的竞技水平和良好的精神风貌。尤其外国语学院石云霞副院长亲自到赛场指导学生参赛，赛后还提出了诸多关于学校如何发展太极拳文化的建议，并表示外国语学院准备组织学生开展太极扇、趣味运动会等活动。

"太极拳教学交流比赛"是我校的常规赛事活动，每年5月下旬为个人赛；10月下旬为集体赛，已成功举办了15届。本届共有11个系院部500余名同学和教师参与，经过激烈的角逐，最后历史系以充分的准备和完美的演练摘得了冠军。数学系、艺术学院、化学系、外国语学院、信息工程学院、中文系、生物科学系、物理与电气工程系、地理旅游系、教育学院也都取得了良好的成绩。

六、我校太极拳队参加"第四届全国毽球邀请赛"开幕式表演

2014年10月18日至20日，"邯郸市第四届邯郸学院'竹韵杯'全国毽球邀请赛"在我市邯钢体育馆胜利召开，我校校长马计斌出席了开幕式并做了简明扼要的开幕演讲。马校长对来自全国各地的毽球运动员表示了诚挚的欢迎，预祝他们均能展示高超的毽球技术并取得优异的成绩。同时，也向大家介绍了邯郸学院。

我校太极文化学院党总支副书记李建设带领太极文化学院的20名优秀太极拳学子参加了开幕式表演，向来自全国18个省市的近30支毽球参赛队展示了传统杨氏28式简化太极拳。和着古典音乐的旋律，我们学子认真而投入的表演赢得了现场观众热烈的掌声，更赢得了邯郸市政协副主席赵浩军、市体育局局长曹淑霞和我校校长马计斌的高度赞扬，展示了我校太极文化教学水平和办学特色，得到了领导的充分肯定。我们将我校太极文化通过不同群体又一次宣传到了全国,在以后的工作当中,我们一定会再接再厉,培养出更多更优秀的太极拳学子。

七、邯郸学院太极文化学院举办首届迎新晚会

2014年11月27日晚,太极文化学院首届迎新联欢晚会在学术交流中心隆重举行,此次晚会以"新征程,新辉煌"为主题,给大家带来了一场五彩缤纷的视听盛宴。此次晚会经过长达一个月的精心策划和筹备,得到了学院领导老师的高度重视和大力支持以及同学们的积极参与。出席本场晚会的有学校党委副书记董海林、校学工部部长宋继革、体育学院社会体育系主任张勇、河北竹韵文化传播有限公司苗秀芬、王玉琴经理、邯郸市太极拳运动促进会副会长张红军和太极文化学院党总支副书记李建设和副院长刘文星以及教职工等。晚会的嘉宾还有各兄弟院系学生会主席及代表。

随着强劲的鼓声响起,开场的武术表演《武林风》拉开了盛况的帷幕,展现了太极文化学院的风采;武术、相声、歌舞、小品、T台走秀、朗诵、魔术等精彩的节目,为观众带来了一场营养丰富的文化大餐。相声《满腹经纶》诙谐生动的表演引发一阵阵的笑声;来自教师合唱团表演的《真心英雄》激情洋溢,掌声四起;幻视幻听的魔术表演为晚会带来了欢乐而神秘的气氛;朗诵《圆梦太极》蕴含的充沛情感展示了太极健儿对太极梦的执着追求;由2014级新生自编、自导、自演的小品《报恩》生动展现了大学生对亲情的珍惜;由扇子舞团队带来的古典舞《茉莉花》展示着东方的神韵;河北竹韵文化传播有限公司友情奉献的《花式毽子》展示了公司员工精彩的踢毽技巧,校党委董海林副书记也在学生的欢呼中即兴展示了太极拳与太极刀的表演。由大二大三同学们表演的《武动灵魂》更是将整场晚会推向了高潮,赢得了现场的一阵阵掌声;整场晚会精彩不断,高潮迭起,赢得台下阵阵掌声,欢呼声一浪高过一浪。两个多小时的迎新晚会在合唱《北京东路的日子》中落下了帷幕,这场晚会除了给观众带来欢乐,更让他们体验到了太极文化学院的风采。

观众脸上赞许的微笑,则是对这场演出的最好回报与评价。此次晚会

也标志着太极文化学院第一届迎新晚会的圆满结束。

八、传统武式太极拳协会举办2014年度表演赛

2014年12月14日上午，我校传统武式太极拳协会举办了2014年度表演赛。邯郸市武式太极拳荣誉会长祁悦曾、河北省武术协会副主席王名非、文史学院副院长赵兴洲、太极学院教练胡云飞应邀参加活动。邯郸学院传统武式太极拳协会、河北工程大学武式太极拳协会一同参加本次表演赛。

王名非致开幕词，他提到太极历史发展拳源远流长，拳理博大精深，它综合了历代各家拳法、阴阳五行之变化、中医经络学、古代导引术和吐纳术，自成一体，是一种内外兼修、轻灵、连绵不断、刚柔相济的拳术。邯郸是太极拳文化发展的沃土，这里有深厚的太极文化底蕴和群众基础，能在学生时代跟随名师学习太极拳，是一种难得的机会。在现代化进程中，体育作为重要的文化内容，越来越为人们所重视，而太极拳是极好的运动，学习太极拳有助于身心健康。

随后的比赛中，河北工程大学武式太极拳协会、邯郸学院传统武式太极拳协会共同表演了中国永年·传统武式太极拳108式练功套路。继而，各协会的同学们又分别表演了武式太极剑36剑、武式太极剑13剑和武式

太极剑 25 剑。在特色表演环节中，同学们表演了刚劲有力的长拳、精妙绝伦的枪术、传统武术对打套路，使表演赛精彩纷呈，赢得现场观众阵阵掌声。

整场活动同学们沉心静气，和着柔美的音乐，将所学的武式太极拳套路完美地表现出来，得到嘉宾评委的一致好评。通过比赛，同学们深刻地意识到，学好太极拳非一日之功，必须天天想、天天练。正如《太极拳论》中所言，非用力日久，不能豁然贯通焉；默识揣摩，渐至从心所欲。

## 第三章　学术交流

一、太极名家赵现平、郭毅刚为我校太极学子作专题讲座

2012 年 4 月 13 日，太极拳名家赵现平、郭毅刚两位老师莅临我校，为太极拳专业、太极专选班、学校太极运动队、太极协会及我校太极拳爱好者做了精彩的太极拳讲座。赵现平为大家讲解了太极拳基本功、太极拳训练方法及训练原则；郭毅刚老师则结合中医、易经等理论为大家讲解了太极十三势、太极拳基本功能。两位大师用生动的语言、形象的比喻、精湛的技艺使同学们受益匪浅、如沐春风。使同学们开阔了眼界、体会到了太极的任重道远，提高了同学们对太极拳的兴趣。

李建设、姚志公、刘彦军、李建民等多位教师出席了讲座。

二、河北省太极拳协会成立大会在我院召开

河北省太极拳协会成立大会于2012年4月21日上午在我院举行。省教育工委副书记韩俊兰，省社科院副院长、省社科联副主席曹保刚，省民政厅原副厅长程鸿飞，邯郸市人大常委会副主任武十周，全国人大代表、河北硅谷化工有限公司总裁宋福如，以及来自省市有关部门领导，各高校代表，教育界、医疗界、科技界的专家、学者和我院师生近700人出席大会。

河北省人民政府原副省长、省九届政协副主席、党组副书记刘健生和河北省体育局巡视员杨静之分别为大会发来贺电。大会由我院党委副书记董海林主持，院长杨金廷代表我院致欢迎词。

河北省委教育工委副书记韩俊兰在大会上表示，太极拳集健身、健心、养性、益智等诸多功能于一体，河北省太极拳协会的成立，对推进民族文化传承、提高太极拳运动水平、推动太极拳和太极文化更好地走向世界都具有重要意义。

市人大常委会副主任武十周在讲话中指出，河北省太极拳协会的成立，是省、市太极文化事业发展的重要里程碑，希望邯郸学院充分利用自身的人缘、地缘和资源优势，凝练特色，打造品牌，与时俱进，再创辉煌。

大会审议通过了《河北省太极拳协会章程》《河北省太极拳协会选举办法》《财务管理规定》，选举通过了协会第一届理事会、常务理事会，选举通过了协会会长、副会长、秘书长和名誉会长、顾问。我院党委书记王韩锁当选第一届协会会长，我院党委副书记、纪委书记、太极文化工委书记段玉铭当选为协会秘书长。

最后，韩俊兰、曹保刚、程鸿飞、王韩锁一起为河北省太极拳协会揭牌。

当天下午举行了首届太极拳高峰论坛。论坛的主题为太极拳的"科学化传承、国际化传播"。与会专家和学者们对太极拳的传承、发展、创新进行了探讨，并对太极拳蕴含的中国传统哲学思想进行了深入解读。

三、省政法委副书记、省太极拳协会名誉会长李剑方向我院赠书

2012年5月17日,省政法委副书记、著名太极拳大师、省太极拳协会名誉会长李剑方向我院赠送了他撰写的太极文化专著《太极文武论》100册。同时,他还向我院赠送了他的诗集——《耕暇集》四套。

李剑方,1957年生,河北任县人,现任河北省委政法委副书记,兼任河北省武协副主席,河北省武术文化研究会副会长,河北省太极拳协会名誉会长。1971年拜郝为真、杨澄甫先生再传弟子刘仁海先生为师,习练兼具武、杨二家之长的"王其和式太极拳";1985年后又拜武氏太极名家姚继祖先生、杨氏太极名家傅钟文先生、八卦掌名家王荣堂先生为师,习练各种内家功夫,潜心研究、积极弘扬优秀传统文化。2002年荣获"中国永年国际太极拳联谊会功勋杯"。

我院党委书记王韩锁,副书记董海林,副书记、纪委书记、太极文化工委书记段玉铭,太极文化学院院长郭振兴和学院有关部门负责人出席了赠书仪式。

王韩锁书记主持了赠书仪式,对李剑方先生的到来表示欢迎。李剑方在讲话中表示,一直想到邯郸学院看看,特别是今年河北省太极拳协会在邯郸学院成立以后更加向往,也非常荣幸能够担任河北省太极拳协会的名誉会长。邯郸是杨式太极、武氏太极的发祥地,邯郸学院扛起了弘扬太极文化的大旗,有大眼光、大胸怀、大手笔,是在弘扬民族文化、传统文化和历史文化。李剑方还谈了自己习练太极拳的经历和体会,他说习练太极拳让他受益终身,不但学会了如何打拳,还学会了如何做人。

四、邯郸学院首批对外汉语(太极拳)教学交流

接省教育厅转发《国家汉办关于录取2013年对外汉语(太极拳)赴外教学志愿者的通知》,我校今年又有15名应届毕业生和1名往届毕业生取得赴外任教资格,他们将于2月28日至4月30日到相应培训地点进行

行前培训。这16名同学有10名同学来自中文系，6名同学来自外国语学院。

河北省今年首批选拔对外汉语教学志愿者共111名，分赴泰国、菲律宾、尼泊尔和柬埔寨任教，我校入选16名同学占总人数的14.5%，呈逐年增加趋势。

我校2013年首批考录对外汉语教学志愿者的有：中文系马韩娜、张帆、姜滕飞、宋见博、刘琳媛、孙福增、李中亮、孟春雷、刘珊，外国语学院吕晨霞、杜月、刘军红、李佳蔚、穆德超、孙京京等15名同学赴泰国任教；中文系赵培同学赴尼泊尔任教。据悉，省教育厅近期还将组织第二批赴外任教志愿者录取工作。

另外，国家汉办将从我校招录两名外派教师分赴泰国、肯尼亚孔子学院任教舞蹈和太极拳等中国传统文化。

除此之外，我校还将分别于3月、5月和暑期接受泰国客马学校30人三周访学交流、巴基斯坦24人两周太极寻根游学访问和美国大学生暑期夏令营活动。

杨式太极拳传人付清泉，台湾中华少林道协会理事长陈清钦，共同就当今国际武术发展动向、太极拳在世界范围内的发展态势以及国内外对太极拳人才的需求等进行了座谈。

通过参加此次大赛，我们不但开阔了眼界，结交了朋友，而且找到了不足和今后努力的方向，更加坚定了办好太极拳专业、优化太极拳学科建设的信心，更加坚定了科学化传承太极拳、国际化传播太极拳、大众化普及太极拳的方向。

五、邯郸学院17名师生考录对外汉语（太极拳）赴外任教资格

按省教育厅转发《国家汉办关于选派2012年对外汉语（太极拳）赴外教学的通知》要求，我院积极组织在职教师和应届毕业生进行报名，经过资格审查、初试、复试、面试、才艺展示、心理测试等环节考核，共有3名教师、14名应届毕业生取得赴外任教资格。

体育学院三位教师作为外派师资，分别赴孟加拉国、蒙古和巴基斯坦

的国际台海外广播孔子课堂任教太极拳及太极文化的传播。来自外国语学院、中文系、教育学院、生物系和体育学院的14名同学，以对外汉语教学志愿者身份赴泰国、尼泊尔、柬埔寨、巴基斯坦四国执行赴外教学任务。据悉，河北省今年共选拔135名对外汉语教学志愿者赴外任教，我院入选人数占10%以上。

对外汉语教学是我国实施的在海外进行汉语教学和传播中华传统文化的战略举措，意在增进世界人民了解中国语言文化、发展友好关系、满足海外学习汉语的热潮和需求。近年来，我院坚持走特色办学之路，对外汉语和太极文化教学呈现出勃勃生机，尤其是搭建与国际台合作的平台，发展迅速，成效显著，在国内外产生较大影响，形成我院的品牌特色。三年来，我院共派出赴外教学人员37名，他们整体素质高，教学能力强，文体才艺精，对外交流广，组织活动丰富多彩效果好，深受海外受教群体欢迎和好评，目前有多半人员还在国外任教。

我院2012年考录对外汉语教学志愿者的有，外国语学院：杨雪梅（尼泊尔）、张丹丹（泰国）、邢宇庚（泰国）、周小超（泰国）、赵晴（泰国）、韩珍珍（柬埔寨）；中文系：高亮（泰国）、刘庆辉（泰国）、刘娇（泰国）、石小雨（泰国）、王晓慧（泰国）；教育学院：郑晓旭（泰国）；生物系：于锡龙（泰国）；体育学院：齐涛（巴基斯坦）。

六、邯郸学院太极文化学院常关成老师到美国芝加哥传播太极文化

为推广中国文化，邯郸学院与芝加哥中国文化院联合芝加哥公立图书馆共同合作举办"中国太极讲习班"，作为芝加哥公立图书馆"2012儿童夏日读书"项目中的一个重要活动。

邯郸学院派出太极文化学院总教练常关成老师前往授课。从2011年7月10日至8月1日为期23天，足迹遍及芝加哥市79个图书馆中的40个，授课对象主要是7岁及以上儿童。此次活动采取电

话预约的方式报名,每次参与的儿童及家长约40人,每课时长35分钟,主要包含太极拳介绍、太极拳展示、太极拳教授和攻防展示四个环节。

本次太极拳讲习班举办了42场,参加总人数1500多人。在授课过程中学生及其家长都表现出浓厚兴趣,踊跃提问,积极参与,有儿童和家长辗转数百公里连续跟随听课学习。美国《世界日报》《星岛日报》《神州日报》《华语论坛》等华文报纸,《芝加哥图书馆》杂志及相关网站对此次活动给予了大量报道。此次活动使许多美国民众对太极拳有了初步的认识和兴趣,也对中国文化有了更深一步的了解。

鉴于此次太极文化交流活动的良好效果,芝加哥中国文化院提出中美太极拳文化交流长期化的愿望。为此,芝加哥中国文化院负责人佟忠君先生将访问邯郸学院,商谈太极拳文化师资等事宜。

芝加哥中国文化院成立于2005年,致力于面向美国主流社区进行中国语言和文化的推广以及中美之间的文化交流。主要项目包括中文课,中国文化讲座,邀请中国艺术家、大师来美国交流,接待中国访美的政府及文化交流团体,为美国公司提供中国文化培训等。多年来连续邀请中国年画大师、剪纸大师、风筝大师、太极大师以及中国民族乐团、歌舞团到芝加哥学校、图书馆、文化中心及博物馆进行交流。

七、邯郸学院外派太极教师管俊康赴巴基斯坦孔子课堂任教

我校聘任教师管俊康老师于2011年9月5日前去国际台巴基斯坦广播孔子课堂,开始执行为期3年的太极拳文化传播教学任务。到达当日受到

我驻巴大使馆文化处张英保参赞等亲切接见并受到巴基斯坦根基教育集团的热烈欢迎。

张英保参赞详细了解了巴基斯坦孔子课堂开办及运行情况，并对管俊康老师的到来表示热忱欢迎，寄予了深切关怀和殷切希望。希望管老师在巴尽快适应工作生活环境，不断扩大太极拳的影响，深入推广传播中华太极文化，逐步从五个教学点扩展到社区民众层面，让更多的社会团体了解和学习太极拳，体会中华太极深奥的文化韵味。

管俊康老师是由我院推荐，国家汉办/孔子学院总部派往国外的第一位专业太极拳教师。此次赴巴是执行国际台巴基斯坦孔子课堂汉语教学特别是太极文化教学任务，也是继去年年底我院通过网络远程视频与巴进行太极文化交流活动取得成功的又一次深入交流，开启了我院太极文化国际传播的新途径。

据了解，巴基斯坦民众对太极拳有初步的感性认知，神秘莫测、博大精深、富有东方哲学内涵的太极文化深深吸引着他们的学习兴趣。几天的教学活动，课堂学生表现了极大的兴趣和积极性，连巴方本土教师也主动加入到学习行列。管老师作为首位外派太极专业教师，随着教学活动逐步开展，在一定程度上满足了巴方师生学习中国功夫的需要，进一步增强巴人民对中国传统文化的了解，加深了中巴友谊，也必将对推动太极文化的世界传播、国际推广做出有益尝试，对中华传统太极文化在国外的普及与文化交流增加新亮点起到积极作用。

八、邯郸学院体育学院教师马秀杰老师赴蒙古国传播太极文化

我校太极文化学院教师马秀杰老师于2011年1月9日抵达蒙古国首都乌兰巴托，开始了为期三年的太极拳文化传播教学工作。

马秀杰老师抵达乌兰巴托后受到广播孔子课堂的热烈欢迎并被委以重任。除了负责学校的武术教学外，还要协助中方负责人的领导工作并承担我国驻蒙古国使馆的相关工作。

马秀杰老师到达蒙古后，对孔子课堂的学生情况、教学安排等进行了全面的考察，根据学生不同的年龄段制定出相应的太极拳教学工作计划及教学文件，太极拳在新学期开始纳入蒙古国育才中学广播孔子课堂的课程体系。此外，马秀杰老师在参与制订孔子课堂2013年活动方案过程中，提议增加"太极文化之旅——邯郸夏令营""蒙古国第一届太极拳比赛""太极拳文化宣传下乡"等活动。

马秀杰老师应邀到中国驻蒙古国使馆协助文化参赞魏宏胜开展工作，多次参与国家领导人、国家汉办领导接待工作的组织安排。在接待吴邦国同志访蒙的过程中，作为使馆工作人员代表受到吴邦国同志接见并合影留念。马秀杰老师向文化参赞魏宏胜介绍了我校太极文化建设情况，达成2013年举办蒙古国中国文化月时邀请邯郸学院

赴蒙展演宣传太极文化的意向。

马秀杰老师是继我校聘任教师管俊康之后国家汉办（孔子学院总部）派往国外的第二位专业太极拳教师。作为从邯郸学院走向国外的文化特使，他们卓有成效的工作、优秀的素质和良好的精神风貌得到相关各方的高度赞赏。邯郸学院太极文化国际传播受到国内外多方关注和肯定，《中华武术》等刊物及传媒对此进行了宣传和报道。随着太极文化传承、推广、传播工作的持续深入，我校太极文化特色建设的社会影响力开始逐步显现。

九、太极文化工委书记段玉铭为学生作太极拳文化专题讲座

为弘扬太极文化，打造学校特色，2011年5月13日下午，我校太极文化工委书记、河北省太极拳协会秘书长段玉铭为学生作了一场题为《太极圆梦　美丽人生——太极拳真谛探析》的学术讲座，2012级体育学院的本科生以及旅游管理专业的本科生聆听了此次讲座，社科部主任葛宏冰主持了本次活动。

我校一直致力于推广中国的太极拳和太极文化，发挥多学科优势，于2010年创建了全国高校第一所太极拳文化学院，于2011年开始招收太极拳专业本科生。2012年经河北省民政厅批准，我校牵头组建了河北省太极拳协会，确立了"太极瑰宝，源于中国，融入世界"的战略思维。

此次讲座，段玉铭围绕太极拳的真谛谈了四个大问题：一是认识太极拳。太极拳是在中国大地上土生土长的内家拳，它至少有三大核心价值，即技击为根，健身为用，文化为魂。二是习练太极拳。习练太极拳首先要宏观把握三要点，要微观突出练好"松"，还要整体把握太极拳推手八要点。三是感悟太极拳。太极拳的真谛何在？太极拳练的是精气神，修的是品行思，求的是韵境道。四是创新太极拳。包括传承模式创新、推广平台

创新、传播渠道创新等。

在欢乐和谐的气氛中，段玉铭还穿插了与学生的幽默互动，使本次讲座风趣诙谐、掌声不断。他以丰富的知识、翔实的资料和铿锵有力的语言完成了本次讲座。最后寄语大学生：让我们通过太极拳圆梦，升华美丽人生，为自己创造高尚职业，给力国家民族复兴崛起，走向人生高境界。

十、太极大师崔仲三先生来我校交流访问

2011年6月25日上午，杨式太极拳大师、第五代传人崔仲三先生一行来我校交流访问。马计斌校长亲切会见了来访客人，校党委副书记王志勇、校党委副书记董海林、原党委副书记段玉铭、原副校长郭振兴出席了座谈会，对外文化交流中心、太极学院、体育学院等部门负责同志陪同会见。

座谈会上，马计斌校长首先对崔仲三先生的来访表示热烈的欢迎。他向大师介绍了我校在弘扬中华优秀文化，尤其是在太极文化传承上的思路、举措和取得的成就。指出，太极文化是中国古代最具特色和代表性的哲学思想之一，蕴含着中华文化的精髓，是中国传统文化瑰宝，也是全人类共同的财富，对增强社会凝聚力、构建和谐社会、和谐人生具有其他文化不可替代的作用。健康、和平、发展是人类社会的主题，也是太极拳倡导的主体精神，作为坐落在太极发祥地的一所百年院校，有责任、有义务要弘扬太极文化。随后为崔仲三先生颁发了邯郸学院客座教授聘书。

崔仲三先生对邯郸学院的热情接待表示衷心感谢，并向与会人员介绍了他在杨式太极拳方面的一些感悟。在会上，马计斌校长与崔仲三先生以

及参会的所有人员还进行了有关太极理论研究方面的深入交流。

会后，在对外文化交流中心、太极学院有关负责同志的陪同下，崔仲三先生还参观了赵文化馆、毛泽东思想资料陈列馆、雁翼文学馆，客人对此表现出了浓厚的兴趣。

下午，在太极学院训练馆，崔仲三先生与太极学院的同学们进行了沟通与交流。崔先生向同学们阐述了有关太极拳方面的一些理论知识，强调学练太极拳要有思维，要用巧力，要有悟性；并结合同学们的演练，讲解了太极拳的运作要领和习练要求；鼓励同学们要认真学习。崔先生的讲解给同学们很大的启发，赢得了现场一阵阵热烈的掌声。

十一、俄罗斯联邦经典身心双修文化学院罗巴诺夫·安德烈校长一行来我校访问交流

2011年7月23日至28日，俄罗斯联邦经典身心双修文化学院罗巴诺夫·安德烈校长一行6人来我校访问交流。24日上午，马计斌校长在第一会议室亲切会见了俄罗斯客人，校党委副书记董海林、原党委副书记段玉铭、原副校长郭振兴出席座谈会，对外文化交流中心、太极学院、体育学院、文史学院等部门负责同志陪同会见。

座谈会上，马计斌校长对罗巴诺夫·安德烈校长一行来访表示热烈欢迎。他首先向俄罗斯客人介绍了邯郸市的基本情况，重点介绍了邯郸学院

作为地方本科院校，自1905年建校起，109年走过的光辉办学历程和深厚的文化积淀，以及办学规模、办学特色、发展思路和美好愿景。他详细介绍了我校在弘扬中华优秀传统文化，尤其是在太极文化传承上的思路、举措和取得的成就。他希望双方共同努力，传承和弘扬太极拳等中华优秀传统文化，使之造福中国人民，造福俄罗斯人民，造福世界人民。

罗巴诺夫·安德烈校长对邯郸学院的热情接待表示衷心感谢。他说，经典身心双修文化学院有三十多年办学历史，是俄罗斯教育部门唯一正式批准举办身心健康教育的社会教育机构。他着重介绍了办学理念、教学模式、招生范围、就业市场及国际合作等方面的情况，并详细介绍了在瑜伽健身教育方面的做法和成功经验。随后双方就在俄罗斯合作共建太极学院事宜进行了深入细致的交流与沟通。

24日下午，俄罗斯客人与我校太极文化学院、体育学院的师生在太极馆进行了座谈交流，就太极、武术、瑜伽等方面进行了深入的探讨，双方进行了武术、太极、瑜伽表演，双方精彩的展示博得阵阵掌声。会后，俄罗斯客人参观了我校赵文化馆、毛泽东思想资料陈列馆、雁翼文学馆，对此表现出了浓厚的兴趣。

25日下午，在第一会议室俄罗斯客人与校领导、文史学院教师及校外易经大师、中医名家就中国传统文化进行了座谈交流。马计斌校长结合图示给客人就易经理论作了精彩讲解，其他专家就中医、正骨、象数等传统文化与俄罗斯客人作了轻松愉快的交流,并现场作了演示。安德烈校长一行对我国博大精深的传统文化表示由衷的钦佩。会场气氛轻松,互动热烈,双方感觉在弘扬、传承优秀传统文化方面,认识和观点是一致的、思想和思路是相通的。

26日和27日,俄罗斯客人分别在马计斌、董海林、段玉铭及相关部门负责人的陪同下兴致勃勃地参观考察了永年广府古城、磁县磁州窑博物馆、冀南书法院,亲身体验了太极、磁州窑、书法等中国优秀传统文化的魅力,对中国古代劳动人民的勤劳、智慧和创造赞叹不已。

经过4天的了解、沟通、探讨,双方对合作协议文本进行了修改、完善。28日上午,在学校接待室举行了隆重的合作协议签字仪式。签约仪式由董海林主持,马计斌校长、安德烈校长共同签署了《中国·邯郸学院与俄罗斯·下诺夫哥罗德经典身心双修文化学院太极健身文化教育合作协议》和《中国·邯郸学院与俄罗斯·经典身心双修文化学院关于建立太极拳与传统文化协同创新战略合作关系的协议》,并发表了热情洋溢的讲话。安德烈校长说:此次来到中国,来到美丽的邯郸学院,感受到中国传统文化源远流长,对现代化的邯郸学院的美好未来充满信心,希望把协议尽快落到实处,使中国传统文化之花尽早在俄罗斯盛开。通过访问,他也切身体会到中国人民对俄罗斯的友好和盛情,感受到邯郸学院的悉心安排,热情款待,人文关怀,短暂而愉快的邯郸之行留下了深刻而美好的回忆。马计斌校长讲道:"希望以此次签约为契机,尽快把中国优秀传统文化传播到俄罗斯,造福俄罗斯人民。希望双方共同努力,挖掘世界优秀传统文化来造福现代人类。此项工作,不只是让人强身健体,更是净化心灵,意义重大,功德无量。"最后,董海林以诗歌般的语言祝愿:"中俄友谊之树长青,双方合作之花常开,合作硕果挂满枝头。"

此次协议的签署,标志着我校在俄罗斯传播太极文化工作迈出了第一步,为实现我校在海外创办第一家太极学院奠定了基础。

十二、台湾省中华少林拳道协会代表团一行来我校访问交流

8月4日上午,台湾省中华少林拳道协会代表团一行21人来我校访问交流,校长马计斌、党委副书记董海林亲切会见了客人,文化交流中心、体育学院、太极文化学院负责人陪同会见,交流座谈会由董海林副书记主持。

座谈会上,马计斌校长首先对台湾省客人的来访表示热烈的欢迎。马校长简要介绍了我校的办学历史、专业设置、办学规模等基本情况,并通过毛遂自荐、曹冲称象、西门豹治邺、胡服骑射、黄粱美梦等历史典故介绍了邯郸悠久的历史和灿烂的文化。他说,邯郸市是历史文化名城、成语典故之都、太极拳圣地,孕育了磁山文化、荀子思想、建安文化、太极文化等中国优秀传统文化,希望两岸的专家学者加强文化交流、思想交流,共同传承和弘扬中华传统文化。马校长着重介绍了我校在传承和弘扬太极拳方面的经验和做法。他指出,太极拳是最能反映

中国人民思维方式的拳种，太极文化蕴含了中国人民的世界观和方法论，对于构建和谐家庭、和谐社区、和谐社会、和谐世界具有重大意义，希望通过台湾中华少林拳道协会这个平台在台湾合作建立太极学院，共同传承和弘扬太极文化。

台湾省中华少林拳道协会会长陈清钦首先对邯郸学院的热情款待表示感谢。他说，来到邯郸就看到了中国历史的缩影，太极文化是中国文化很好的体现，传承和弘扬太极文化具有时代意义，与邯郸学院就太极文化进行交流合作心中充满了憧憬和向往。他动情地说，海峡一家亲，两岸人民同根、同源、同宗，希望邯郸学院的领导、师生到台湾去考察访问。

座谈会后，台湾省客人与我校太极文化学院、体育学院的师生在太极馆进行了座谈交流，双方进行了武术、太极表演，精彩的展示博得阵阵掌声。台湾省客人还参观了我校赵文化馆、毛泽东思想资料陈列馆、雁翼文学馆。

十三、我校对外汉语（太极拳）教学交流项目呈现勃勃生机

接省教育厅转发《国家汉办关于录取2013年对外汉语（太极拳）赴外教学志愿者的通知》，我校今年又有15名应届毕业生和1名往届毕业生取得赴外任教资格，2012年2月28日至4月30日到相应培训地点进行行前培训。这16名同学有10名同学来自中文系，6名同学来自外国语学院。

河北省今年首批选拔对外汉语教学志愿者共111名，分赴泰国、菲律宾、尼泊尔和柬埔寨任教，我校入选16名同学占总人数的14.5%，呈逐年增加趋势。

我校2013年首批考录对外汉语教学志愿者的有：中文系马韩娜、张帆、姜滕飞、宋见博、刘琳媛、孙福增、李中亮、孟春雷、刘珊，外国语学院吕晨霞、杜月、刘军红、李佳蔚、穆德超、孙京京等15名同学赴泰

国任教；中文系赵培同学赴尼泊尔任教。据悉，省教育厅近期还将组织第二批赴外任教志愿者录取工作。

另外，国家汉办将从我校招录两名外派教师分赴泰国、肯尼亚孔子学院任教舞蹈和太极拳等中国传统文化。

除此之外，我校还将分别于3月、5月和暑期接受泰国客马学校30人三周访学交流、巴基斯坦24人两周太极寻根游学访问和美国大学生暑期夏令营活动。

十四、中心成员参加"河北历史文化遗产保护与传承议政会"

2013年11月6日，我校太极工委段玉铭书记、太极拳总教练李建设副教授、图书馆牛秀荣老师等三人作为论文作者分别应邀参加了在石家庄河北会堂召开的"河北历史文化遗产保护与传承议政会"，他们所撰写的论文《发展河北太极拳文化事业之我见》和《注重太极拳文化的校园教育》均被评为"河北历史文化遗产保护与传承议政会"优秀论文。段玉铭书记做了现场讲读，向与会代表详细介绍了太极拳文化的传承与发展，宣传了邯郸学院传承太极文化、在全国高校中唯一一家设立太极文化学院、招收本科生进行学科建设的做法，宣传了邯郸学院深入研究开发太极拳文化、构建太极拳文化体系、创编太极拳教学的实践与坚定不移走科学化传承、国际化传播、社会化推广、产业化发展的做法。讲读得到了省政协副主席曹素华等领导和与会专家的一致好评。

"河北历史文化遗产保护与传承议政会"由河北省政协文史资料委员

会和河北省政府参事室（省文史研究馆）共同组织。参会人员有省政协曹素华副主席、省政协文史委员、各市政协文史委主任，省政府参事室参事，议政会论文作者，省委宣传部、省委研究室、省政府研究室、省文化厅、省旅游局、省新闻出版局、省文物局等部门的负责同志和部分新闻媒体记者。邯郸学院是唯一参会的高校单位。

会议由省政协常委、文史委郭翠朵主任主持。议题主要围绕"如何保护传承与开发利用河北历史文化遗产"进行展开。

最后，曹素华副主席做了总结讲话，对研讨会成果给予充分肯定，要求有关人员会后将研讨成果整理上报省领导审阅批示，并指出了河北历史文化遗产保护与传承的重要性和紧迫性。提出了要注重历史文化遗产保护、传承与经济发展相结合，抢救保护与传承发展相结合，紧紧围绕历史文化遗产的保护与传承建言献策，进行创新生产性保护和培养代表性传承人，加大研究、宣传和推介力度。

十五、我校与马来西亚汉文化中心签订推广交流太极拳文化战略合作协议

2013年11月13日，马来西亚首要媒体集团中文顾问、马来西亚汉语中心主席、拿督吴恒灿再次到我校访问，就推广交流太极拳文化与我校签署战略合作协议。校领导王志勇、董海林、邢保良、段玉铭等陪同接见并参加座谈交流。经双方友好协商，确定在以下方面加强合作：

一是马来西亚汉文化中心作为马来西亚各民族文化交流的平台愿意与邯郸学院联合在马来西亚社区推广太极拳文化。愿意作为桥梁联络协调邯郸学院和马来西亚太极拳组织的太极拳文化交流。

二是邯郸学院在马来西亚举办太极拳训练营和体验营，共同在马来西亚筹建太极拳文化课堂，可以为马方培训太极拳，体验中国文化，学习汉语。为汉文化中心教师培训太极拳技能、汉语教学技能以及国画、书法、民乐、民族舞蹈等中国民族艺术技艺。

三是双方共同组织马来西亚游客到邯郸开展太极文化深度旅游项目并共同合作开发太极拳文化产业。

四是双方共同推进太极拳英语网络教学的国际化,共同组织太极拳英语网络教学课程进入美国 USSA 体育教学课程体系。

五是双方互派教师和学生互访交流太极拳文化、汉语及其他中国传统文化。共同在马来西亚举办太极拳比赛和学术论坛。

十六、党委副书记董海林带队到河北太极集团开展对接活动

2013 年 11 月 22 日,校党委副书记董海林、副校长吴长增和太极文化工委书记段玉铭带领校团委、艺术学院的部分干部和教师到肥乡县河北太极集团开展考察对接活动,肥乡县政协主席王平朝、河北太极集团董事长郭多强等陪同。

我校考察组现场考察了太极酒制作、成品封藏、灌瓶包装等生产环节,听取了销售服务等情况汇报。考察后,董海林副书记带领全体人员与集团领导班子进行了对接洽谈,就邯郸学院与太极集团白酒制作工艺、太极酒包装设计、圆葱酱品牌策划以及企业融资、市场营销等 10 余个项目进行了深入交流,取得了共识。郭多强董事长表示,愿由邯郸学院出面对涉及太极系列酒品和邑贡酱坊外包装设计的八项技术申报国家专利,同时邀请我校在辣酱生产工艺方面给予技术支持和专业谋划。会间,我校关于太极传人杨宗杰作为太极酒形象代言人的建议和为企业教授太极拳、开展太极文化传播的意见得到了与会人员的一致赞同。最后,郭多强董事长代表全体员工,邀请我校在河北太极集团建立大学生太极文化实践教育基地,聘请专业师生为企业员工设计具有太极文化形象的工装。

此次活动以人才、项目、基地为载体,是在专利技术联合攻关、应用人才共同培养、服务地方经济发展方面的主动作为,取得了良好效果。

十七、俄罗斯乌里扬诺夫斯克州教育代表团一行 5 人来我校访问交流

2014 年 10 月 20 日至 23 日,以俄罗斯乌里扬诺夫斯克州州长助理沙

波瓦洛夫·谢尔盖·尼古拉耶维奇为团长的教育代表团一行5人来我校访问交流。邯郸市市长回建亲切会见了俄罗斯客人，邯郸市副市长王进江、邯郸市教育局副局长李瑄、市体育局副局长李海平、邯郸学院党委书记杨金廷、校长马计斌与俄罗斯客人举行了项目洽谈会。邯郸学院党委副书记王志勇、董海林陪同会见，邯郸市教育局、体育局、商务局、外事办及我校对外文化交流中心、教育学院、文史学院、体育学院、太极学院、艺术学院等相关部门负责人参加了合作项目对接洽谈会。洽谈会由党委副书记王志勇主持。

21日上午，会见及项目洽谈在我校第一会议室举行。会上，党委书记杨金廷首先致欢迎词，随后详细介绍了我校的办学历史、综合改革、专业设置等基本概况，着重介绍了我校在太极文化建设、传承、发展方面的思路、措施和取得的成绩，重点就落实合作的项目、路径、时间、效果讲了具体意见。强调双方合作要明确思路，落实项目，确保实效。副市长王进江从邯郸悠久的建城史、灿烂的赵文化、独特的区位优势等方面向客人做了介绍，重点就邯郸经济现状，发展特色和遇到的瓶颈等情况给客人进行了沟通交流，希望双方加强经贸合作，建立起州市间的友好交流关系。马计斌校长详细介绍了我校在邯郸地方文化研究、特殊教育等特色学科建设以及在教学、科研等方面所取得的成就，并就落实双方具体合作项目与客人进行了深入细致的交流。强调双方合作从太极入手,多管齐下,合作项目要尽快启动,落地生根,全面开花。董海林副书记向俄方客人介绍了我校在传承弘扬太极方面所取得的成就和在海外弘扬太极文化的整体设想,预祝首家太极学院能在俄方挂牌运作,成功启动。

代表团团长波瓦洛夫·谢尔盖·尼古拉耶维奇对邯郸学院的热情招待表示衷心感谢,他说第二次踏上邯郸这片热土,感觉非常亲切,他非常喜欢邯郸、喜欢邯郸学院、喜欢太极。随后他介绍了乌里扬诺夫斯克州的历史以及现在的经济支柱产业,表示要加强与邯郸市的经贸往来,对俄罗斯乌里扬诺夫斯克州立大学与邯郸学院校际合作将全力支持。国立大学校长科斯基释克·鲍里斯·米哈伊洛维奇主要介绍了国立大学的教育现状,热切希望与我校开展多种形式、各个方面的合作交流,热切期盼合作项目早日成功,师生互访交流早日成行。

会后,在党委副书记王志勇的陪同下,代表团一行观看了太极学院师生的精彩表演,参观了我校的赵文化馆、毛泽东思想资料陈列馆、雁翼文学馆,客人对此表现出了浓厚的兴趣。

十八、国家留学基金管理委员会王春晓先生莅临我院进行文化交流活动

今天,国家留学基金管理委员会,东方国际教育交流中心,综合业务部主任王春晓莅临我们太极文化学院观看同学们的太极拳表演。在表演开始之前,邯郸学院党委副书记董海林对同学们做出重要讲话并对同学们进行鼓励。

同学们今天向各位领导和来宾展示了传统杨、武式太极拳、太极器械以及传统推手。和着优美的古典音乐的旋律，同学们展现出了最好的状态，赢得了校领导和来宾的赞扬，将现场气氛带向高潮。在这种气氛的感染下，校长马计斌、党委副书记董海林，杨式太极拳第五代传人常关成和王春晓主任也现场向大家展示传统杨氏太极拳、太极器械。本次展示，同学们不仅得到了锻炼的机会，而且还向各位前辈学到了许多知识和技能。

我们坚信，太极文化学院的建设会越来越好，期待属于我们辉煌的明天。

十九、卢氏太极拳一行来我校交流

2016年3月15日下午，卢氏太极国际文化股份有限公司总裁郑红女士一行4人来到邯郸学院交流访问，商谈合作事宜。邯郸学院校长马计斌、党委副书记董海林亲切会见了来访客人，对外文化交流中心主任董己辰、太极文化学院副书记李建设等部门领导陪同会见。

交流会上，马计斌校长围绕太极拳的思想价值、邯郸学院太极拳教育的发展现状及未来方向做了介绍。马计斌校长讲，以中国文化为代表的东方文化不同于西方文化。东方文化讲究"和为贵"，不提倡攻击与搏斗，主张先礼后兵，崇尚和谐自然，以心行意，以武载道。而我们向世界传播中国太极文化，从宏观来讲，是在做一件功在千秋的巨大善事，这对维护世界和平、造福人类都有重大作用。马计斌校长讲，邯郸学院建立了国内乃至世界第一家太极文化学院，让太极拳实现了由民间师徒自发传承模式向高校科学传承模式的转变。如今，太极拳已成为邯郸学院师生的一种健康生活方式，全校所有专业的同学在校期间太极拳是必修课程，不及格不能毕业。非太极拳专业的同学还可以通过选修获得"本专业＋太极拳专业"双学士学位。

卢氏太极国际文化股份有限公司总裁郑红女士向大家介绍了卢氏太极拳、公司的发展情况及与邯郸学院的合作意向。郑红总裁介绍，卢式太极拳发源于邯郸广平，是有着400余年历史的拳种。卢氏太极国际文化股份有限公司主要是将卢氏太极拳、中医养生及蕴含优秀传统文化的中国元素结合起来，面向全球传播推广，实现中国传统文化的当代价值。目前，卢氏太极国际文化股份有限公司已与河北体育学院、北京体育大学建立了合作关系，他们的业务主要在俄罗斯、白俄罗斯等国家，并在海外建立了一些武馆、中医养生馆。郑红总裁表示，卢氏太极国际文化股份有限公司愿与邯郸学院建立校企合作关系，从而实现师资、太极文化研究与传播等多方面的资源共享，互助共赢。

马计斌校长给予积极回应，并责成对外文化交流中心负责合作协议书的起草，待条件成熟即正式签署合作协议。

参加会见的还有卢氏太极第四代传承人卢奎镇大师，国际卢氏太极股份有限公司（白俄罗斯）创始人，卢氏太极第五代传承人卢尚奇，卢氏第五代传承人卢尚甲。

二十、马来西亚武术教练来太极文化学院访问学习

为加强我校与马来西亚学校间的合作，推动中马友谊，弘扬太极文化，3月底，我校与世界中华文化研究会总会、马来西亚森美兰精武体育会签署《联合创建马来西亚中华太极学院协议》。根据合作协议，世界中华文化研究会选派三位武术教师钟秀蓉、朱兴豪、徐静婷（曾获太极剑世界冠军）来我校就太极文化、太极拳进行为期一个月的学习交流。

转眼半个多月过去了，董海林副书记，王虎平副校长等学校领导一直

很关心访问学者的学习生活情况,并特地来到训练馆看望大家。

董海林副书记向访问学者介绍了我校太极拳的发展情况,与大家一起交流习练太极拳的体会,并观看了由马来西亚访问学者和我校学生共同表演的杨式36式太极拳。董海林副书记表示,"太极拳是快乐拳、健康拳、幸福拳。这三周来,大家师从杨式太极拳第五代传人杨振基先生的得意门生、邯郸学院杨式太极拳总教练、终身教授常关成老师,刻苦练习,进步很快。希望大家通过在邯郸学院学习传统、正宗的杨式太极拳,领略太极文化的魅力,并将太极文化发扬光大。"

看望期间,马来西亚访问学者钟秀蓉为常关成老师献上了她们精心准备的感恩礼,对教练的认真辅导与我校的热情款待表示衷心的感谢。钟秀蓉说,20多年前,她开始练习太极拳,这次到邯郸学院,感觉这是一所美丽的高校,这里的老师和同学们都很友善,都很讲规则。她表示,很喜欢这里的学习生活氛围。回国后,她和同学们会一如既往地为传承弘扬太极文化做贡献。

据了解,马来西亚以前有很多华人练习太极拳。现在,很多印度人、马来人也加入了练习太极拳的队伍。太极拳强身健体,内外兼修,已成为我国在世界上的文化符号。自2010年,邯郸学院创办全国高校首个太极文化学院以来，太极拳开启了科学系统传承的新阶段，与太极文化相关的国际交流也日益增多。

二十一、广西经贸职业技术学院到我校考察太极文化

4月13日至14日，广西经贸职业技术学院工会副主席朱向业一行4人到我校就太极文化建设工作进行考察交流。校领导董海林、邢保良以及工会、学工部、太极文化学院负责人会见客人并参加了座谈。

董海林对我校基本情况、现阶段重点工作及特色办学进行了介绍。邢保良着重介绍了我校成语文化建设工作。朱向业介绍了广西经贸职业技术学院的办学情况，说明了此次考察的目的。

广西经贸职业技术学院重视校园文化建设，近年来与我校合作在学校教职工中推广太极拳，学院"十三五"规划将太极拳推广列为校园文化建设的重点工作。此次派工会、学生处、体育系、老干部处相关工作人员前来考察，目的是就太极文化校园普及的经验进行沟通交流。座谈后，考察团参观了学校校园、特色文化馆，观看了我校领导与师生的太极拳表演，考察了体育教育（太极拳）专业的教学训练。

经过沟通，双方在建立太极文化长期合作机制、建设体育教育（太极拳）专业实习基地、体育教育（太极拳）专业毕业生就业三个方面达成合作共识。广西经贸职业技术学院希望引进太极拳的专业教师，开发太极文化合作项目，将学校打造成为辐射周边地区传播太极文化的窗口，在建设校园文化的过程中为当地社会文化建设做出贡献。

二十二、校太极拳代表团参加2016年"市长杯"太极拳比赛及太极文化高峰论坛

5月7日至8日，"2016年全国'市长杯'武术太极拳比赛暨太极文化高峰论坛"在河南省洛阳市成功举办。由我校马计斌校长带队，原党委书记王韩锁，原党委副书记王志勇、董海林、段玉铭，原副校长曹贵宝、吴长增、郭振兴、娄存江组成的邯郸学院太极代表队代表河北省参加了此次比赛。

本次比赛共有来自全国13个省市的159名选手参加，在高手云集、竞

争激烈的情况下，邯郸学院太极代表队通过精心准备、认真训练，发扬团结协作、勇于拼搏的精神，取得了2金2银3铜的优异成绩。比赛中，我校领导气质昂扬的精神风貌、整齐划一的架式招法赢得了裁判、运动员及观众的认可和赞扬，博得了阵阵掌声。

5月8日，马计斌校长在太极文化高峰论坛中代表邯郸学院发言，他以"选择太极拳造福全人类——邯郸学院传承发展太极拳的实践报告"为题，从"弘扬太极拳是时代的需要，邯郸学院的选择"等五个方面向与会嘉宾详细介绍了我校传承太极文化、弘扬太极精神的做法和经验，重点介绍了我校筹建中国太极大学、打造创新发展学术高地的发展战略。马校长精彩的报告受到了与会领导和专家的高度赞扬。

会上，马校长还与国家体育总局武术运动管理中心副主任邵世伟、社会部主任刘志华、活动部项目主管张路平就"市长杯"赛事活动的开展进行了交流；与上海体育学院博士生导师虞定海教授就太极拳专业建设进行了研讨。

通过比赛不仅宣传了邯郸学院，展示了邯郸学院风采，结识了各界朋友，交流分享了弘扬传播太极文化的心得体会，并与国家体育总局武管中心领导、协同创新平台单位负责人及社会各界人士进行了沟通交流，表达了共同合作发展太极事业的愿望，得到与会领导、专家和嘉宾的认可和赞赏。

二十三、国际太极拳访华团来邯郸学院学习交流

2016年7月9日下午，来自加拿大、美国、英国、德国、墨西哥、西班牙等国家的18位太极拳爱好者在加拿大太极（名家）爱好者马希奇先生的带领下，来到我校交流访问。我校校长马计斌亲切会见了来访客人，党委常委邢保良、对外文化交流中心主任董己辰，太极文化学院院长田金龙陪同会见，太极文化学院师生代表参加了交流活动，并与来访客人分别展示了经典套路，一起学习了太极推手的精华动作。

交流期间，马计斌校长对马希奇先生一行的到来表示热烈欢迎，并向大家介绍了邯郸学院太极文化学院的师资力量，办学情况及国内外太极学

院的一些成绩。马校长说,邯郸学院在全国乃至全世界创建了首家太极文化学院,聘请毕业于上海体育大学的中国首位太极专业博士田金龙教授担任院长,将科学系统地传承太极拳与太极文化的梦想变为现实。马校长介绍,邯郸学院开设有专门面向海外太极拳爱好者的课程,他希望海外太极拳爱好者有机会多来邯郸学院学习系统太极拳与太极文化知识。

此外,马计斌校长在现场即兴展示了太极传统十三刀,娴熟的动作,刚劲有力、行云流水,赢得了国际友人的阵阵掌声与一致称赞。

交流访问团队长马希奇先生介绍,他自幼爱好武术,自1985年到访中国并与太极结缘以来,他改变了很多,收获了很多。如,他的性格变得越来越沉稳平和,他收获了美好爱情,调养好了运动损伤等疾病……马希奇先生表示,修炼太极,能找到生命的本质,能真正达到人与自然的统一。当下,教拳、讲课、推手、过招已经成为他的生活主流,他和妻子杨妮娜都很喜欢这种平静而又幸福的生活方式。

田金龙院长与来宾代表互动,向大家讲解并展示了推手的拔根技术,"掷、挂、偏、拧"四大技法和"飞、坐、跪、扑、颠、翻"六种倒地效果,并向外国友人讲授了困惑他们多年的"覆盖对吞"的技术,令人大开眼界,收获颇丰。之后,田金龙院长带领大家分六个步骤学习了"前后摆"技术,马校长还饶有兴致地参加到学习的队伍中,整个训练馆变成一个学习的海洋,全部学员仔细研习动作要领,动作整齐划一,都被以"三摇三摆"技术体系为核心的太极拳技术所折服。

太极拳是涵盖哲思与健身修心于一体的功夫,它刚柔相济,老幼皆宜,成为深受海内外人士喜爱的拳种。本次交流学习中,太极文化学院学生展示了杨式、武式、陈式太极拳,太极剑、太极刀等太极套路;外国友人表演了太极八段锦、杨式太极拳、太极对练、推手对练等套路,热烈的交流氛围给双方留下了美好的印象。

据了解,此次到访邯郸学院是马希奇先生一行的重要行程之一。曾在大青山交流学习过太极拳与太极文化的他们,对创办了世界首家太极文化学院的邯郸学院早有耳闻,来邯郸学院交流学习是他们一直以来的夙愿。

此外，9日上午，他们参观拜访了永年太极宗师杨露禅先生、武禹襄先生的故居，对"太极之乡"博大精深的太极文化有了更为深刻的了解。

## 二十四、邯郸学院组织承办第十三届中国·邯郸国际太极拳运动大会学术名家论坛

9月27日至28日，第十三届中国·邯郸国际太极拳运动大会——各流派太极拳学术名家论坛在邯郸学院学术报告厅隆重举行。国家体育局武馆中心研发部副主任王立峰，邯郸市体育局书记杨书军，副局长许雷、韩林学、办公室主任杨宗杰，邯郸学院党委书记杨金廷、校长马计斌、原邯郸学院副校长、太极文化学院首任院长郭振兴、太极文化学院院长田金龙、副院长刘文星等领导出席会议。邯郸市体育局办公室主任杨宗杰担任本届论坛主持人。

论坛会上，杨金廷书记在太极拳名家学术论坛开幕词中代表邯郸学院师生员工向与会领导、专家、大师的到来表示热烈的欢迎和诚挚的敬意，为大家介绍了邯郸学院为传承弘扬太极拳所做的努力，详述了邯郸学院在太极拳教育方面的发展历程、方向、战略定位及办学特色，并为大家兴致盎然地朗诵了一首改编的太极诗歌《仰望太极星空》。

杨金廷书记指出，太极是一种世界观、方法论，是中华民族智慧的结晶与瑰宝，有助于人的和善，家庭的和睦，社会的和谐，进而造福于人类。邯郸有着丰厚的太极文化资源，植根于"太极之乡"邯郸的高等学府邯郸学院在弘扬太极文化领域肩负着神圣的使命和责任。杨金廷书记介绍说，2010年，邯郸学院成立了全国首家太极文化学院，2011年实现太极拳专业的本科招生，2012年成立河北省太极拳协会，是河北省非物质文化遗产传播基地、河北省非物质文化遗产研究基地、河北省重点发展学科、河北省对外国际交流基地、国家武术段位制培训基地。此外，经过多年发

展,邯郸学院已成为太极拳教育、研究、推广的学术高地、创新高地及传播基地。杨金廷书记希望与会领导、太极名家及大师多关注、多支持邯郸学院太极拳与太极文化领域的发展,期待与大家携手奋斗,共筹太极大业,共创太极辉煌。

马计斌校长在各流派名家的见证下,为杨式太极拳第五代传人杨志芳先生、杨振河先生颁发了客座教授聘书。

杨式太极拳第五代传人、著名太极文化理论家翟金录,杨式太极拳第五代传人傅声远,陈式太极拳第十九式传人朱天才,孙式太极拳第三代掌门人孙永田,吴式太极拳第五代传人刘伟,王其和太极拳第三代传人檀杏敏、刘云廷,李经梧先生与冯志强先生传人、混元太极拳代表人物项国员等太极名家、大师及来自全国各流派的太极拳爱好者在本届太极拳学术论坛中进行了交流展示,并解读了太极文化和太极拳法。

28日上午,杨式太极拳名家学术论坛上,与会领导、名家、大师及太极拳爱好者一起参加了纪念杨澄甫先生逝世80周年仪式。之后,杨式太极拳各分支代表杨志芳、郑豪、赵幼斌、黄天赐、郭彦君、曾劲韬、杨振河、王金山、张圣麒、庞子瑞、朱现红、赵洪生、张才斌、杨占茹、陈东锋、马红升、朱明等杨式太极名家,或对杨澄甫长子杨守中传系、次子杨振基传系、三子杨振铎传系、四子杨振国传系及亲族传人傅钟文传系及赵斌传系、杨澄甫弟子各传系的杨式太极拳进行了展示,或对杨式太极拳的练习方法进行了讲解。其中,翟金录先生高屋建瓴地解读了杨式太极拳,赵幼

斌先生、杨振河先生对杨式太极拳做了解说，让亲临现场的太极拳爱好者更为深刻地理解学习了练习杨式太极拳的方法要领，使大家对杨式太极拳的文化内涵也有了更深层次的认识。

28日下午，武式太极名家学术论坛上，武式太极拳各分支代表钟振山、翟维传、牛钟鸣、高连成、姚志平、马凤山、李剑方、孙建国、冀长宏等名家为大家现场展示了永年武式太极拳传系、各地武式太极拳传系的武式太极拳及由武式太极拳派生出的孙式太极拳。其中，钟振山先生、翟维传先生边演示边讲解武式太极拳。将流传百年的武式太极拳清晰地呈现在各流派太极拳名家与爱好者面前，让大家更系统全面地知晓了武式太极与众不同的发展传承脉络与技法风格。

国家武馆中心研发部副主任王立峰，著名太极文化理论家翟金录，邯郸市体育局党组书记杨书军、副局长许雷、韩林学，邯郸学院党委书记杨金廷、原副校长郭振兴在太极拳名家论坛上进行了文化解读、技法展示的各流派太极拳名家颁发了报告表演奖。

邯郸学院太极文化学院副院长刘文星于首场论坛为大家详细介绍了邯郸学院太极文化学院的办学情况，招生规程，并带领太极文化学院师生在论坛现场为各流派太极名家与爱好者进行了太极拳、太极剑、太极推手等技法展示。

本次论坛依照"各尊所学、学有根基、以武化人"的精神，分各流派太极拳学术名家论坛、杨式太极拳学术名家论坛、武式太极拳学术名家论坛三场。陈式、杨式、武式、孙式、吴式、王其和太极拳、心意混元太极拳等各流派与会名家代表云集论坛现场，分别结合自身习拳、工作、生活经历，同现场名家、拳友分享心得体会，展示本流派太极拳的身法、技击特点，对普及、推广太极拳与太极文化，弘扬太极精神，构建和谐社会，实现太极拳造福人类的目标具有重要意义。

二十五、邯郸学院荣获国家体育总局"太极拳推广普及特殊贡献奖"

9月29日，历时4天的"神韵太极，记忆邯郸"第十三届中国·邯郸太极拳运动大会颁奖仪式和闭幕文艺演出在邯郸大剧院隆重举行。大会组委会副主任、国家体育总局武术运动管理中心副主任张玉萍、邯郸市副市长侯华梅、邯郸学院校长马计斌、市人大副主任李惠玲、市政协副主席赵浩军、市政府副秘书长丁向平、邯郸市体育局局长曹淑霞等领导出席会议。参与本次盛会的名家、运动员、太极拳爱好者在比武论道、交流太极文化与拳法之后，欢聚一堂，共享盛典。

美轮美奂的闭幕式现场，文艺歌舞与颁奖典礼穿插进行。成立了全国乃至全球首家太极文化学院的邯郸学院荣获由国家体育总局武术运动管理中心授予的"太极拳推广普及特殊贡献奖"，马计斌校长代表邯郸学院全体师生员工领奖。此外，国家体育总局武术运动管理中心授予邯郸市人民政府"全国推广简化太极拳突出贡献单位"，授予邯郸市体育局、永年县人民政府"太极拳推广普及特殊贡献奖"。同时，颁奖典礼还为各获奖代表队及个人颁发了系列奖项。

太极拳松静圆活，刚柔相济，提倡阴阳和谐，道法自然。其招法帮助习练者在繁忙的工作学习之余，体会生活的静美，其思想指导习练者感悟生命的真谛。2010 年，成立全国首家太极文化学院；2011 年，实现了太极拳专业的招生；2012 年，成立河北省太极拳协会，2014 年，成立太极文化协同创新中心……如今，邯郸学院是国家太极拳段位制培训基地，已在俄罗斯、白俄罗斯、马来西亚、蒙古建立了海外太极学院，与世界多国签署了太极拳领域的合作协议；与中国国际广播电台合作向全球 60 多个国家推广太极拳，借助孔子学院及夏令营、冬令营的平台派驻师生赴海外教拳或接收海外学者来学校学习太极拳。本次荣获"太极拳推广普及特殊贡献奖"，既是鼓励也是鞭策，邯郸学院师生员工会珍惜荣誉，再接再厉，努力在太极拳与太极文化的科学化传承、国际化传播、社会化推广和产业化发展之道路上做出更多贡献，从而实现太极拳造福人类的美好愿望。

二十六、我校赴白俄罗斯国立艺术大学太极学院教授太极

根据外事规定，为确保我校赴白俄罗斯国立艺术大学太极学院首次教授太极和访学代表团顺利、圆满地完成出访任务。11 月 4 日上午，代表团行前教育会议在第一会议室召开，校长马计斌参加会议并讲话，杨氏太极

拳第五代传人常关成老师、艺术学院张武、邵凌春老师及翻译孙娟参加了会议。培训会由对外文化交流中心主任董己辰主持。

马校长首先代表学校祝贺四位老师获批赴白俄访问。他指出，这是我校第一次派往海外太极学院教授太极，意义重大，使命光荣，意味着我校海外太极学院正式启动运行；这也是我校第一次依托海外太极学院公派访学，进行学术交流，责任重大，意义深远。太极为中华文化载体，传播太极就是传播中国文化，传播中国人的行为方式和理念，是为构建和谐社会、维护世界和平做贡献。此次在白俄罗斯国立艺术大学的太极传授，填补了太极推广在高校的空白。要珍惜这次机会，教好太极，通过太极教授，让大家了解太极，热爱太极，进而逐步让艺术大学的师生都能学起来，练起来。访学的老师要认真学，要多拍、多看、多学、多记，多与学校师生交流，把他们的先进理念带回来，与我校师生共享。同时，要注意政治纪律和外事纪律，要有高度的政治觉悟，注重自身形象，时刻铭记自己代表着中国、代表着邯郸学院。最后，他预祝此次访问教有所成，学有所获，满载而归。

董己辰从行前准备、出境入境、外事纪律、外事礼宾礼仪、安全保密以及回国后的具体要求等方面为代表团做了具体行前教育。

经过行前培训，代表团成员对出访任务有了更深的了解，对外事纪律有了更深的认识。意识到自己肩负着神圣而光荣的使命，身为邯郸学院人，一定不辱使命，圆满完成出访任务。

11月18日下午，由我校太极文化学院教授、杨式太极拳第五代传人常关成老师，艺术学院张武、邵凌春和孙娟老师组成的首批赴白俄罗斯国立艺术大学教授太极和访学代表团顺利、圆满地完成出访任务，按期归来。

访问期间，代表团受到了白俄罗斯文化部部长鲍里斯·弗拉基米罗维奇先生、白俄罗斯国立艺术文化大学第一副校长阿丽娜·阿那朵丽耶娃女士、白俄罗斯国立美术学院副院长斯维特拉娜·彼得罗夫娜女士等领导的亲切接见。鲍里斯·弗拉基米罗维奇部长接见代表团成员时，首先委托代表团老师转达对我校党委书记杨金廷教授、校长马计斌教授的亲切问候和良好祝愿，对邯郸学院派遣教师赴白俄教授太极表示真诚感谢，对来访教师表示热烈欢迎。他指出，太极拳是很好、很受欢迎的健身项目，应发扬光大。他表示，很重视我校在白俄罗斯开办海外太极学院工作，会尽全力提供各种帮助。

访问中，代表团在白俄罗斯国立文化艺术大学进行了太极拳教授，并与白俄国立工业技术大学、国立体育大学、国立美术学院围绕太极拳、音乐、美术等专业进行了教学交流，开展了系列教学、观摩、座谈等活动。其中，常关成老师在面向本科生与研究生的太极拳教学活动中，结合太极拳的拳理拳法，边讲解边指导，让海外太极拳爱好者更为全面细致地认识了太极拳的文化精髓与健身功效。张武老师、邵凌春老师分别观摩了油画、声乐、合唱、舞蹈等专业的课堂教学，观看了外方精心准备的文艺演出。此外，代表团还专程赴白俄罗斯工业大学学习了孔子学院的办学经验。

为期12天的访学活动，得到了白俄罗斯外交部、我国驻白俄罗斯大使馆的大力支持。我校首次赴海外太极学院教授太极和访学活动的成功，对推动太极拳国际化传播、促进我校与海外高校开展常态化交流有着重要历史意义，也为今后我校办好海外太极学院积累了宝贵的经验，打下了良好基础。

二十七、邯郸学院与马来西亚共建太极学院

11月29日，中马共建太极学院揭牌典礼暨中国邯郸学院、世界中华文化研究会总会、马来西亚森美兰精武体育会三方共建太极学院合作项目签约仪式在马来西亚芙蓉市隆重举行。邯郸市委书记高宏志，马来西亚首相政治秘书王乃志，世界中华文化研究会总会主席陈荣立、副主席徐忍川，森美兰精武体育会会长张金发出席并见证了签约揭牌仪式。邯郸学院对外文化交流中心主任董己辰、世界中华文化研究会总会副主席徐忍川，森美兰精武体育会会长张金发代表三方签署了合作协议。

邯郸学院党委书记杨金廷出席签约与揭牌仪式并致辞。杨金廷简要介绍了邯郸学院基本情况及太极文化。他说，所谓太极是阐明宇宙从无极而太极，以至万物化生的过程。太极文化是中华民族优秀文化遗产和智慧的结晶，体现着中国文化的精髓与中国人的思维方式和生活理念，传播太极，就是弘扬中华优秀传统文化。杨金廷着重介绍了我校在弘扬太极文化方面的具体做法和长远目标及近年来成立河北省太极拳协会，获得了中国太极段位培训基地，中国武术段位培训考试点，河北省非物质文化遗产研究基地等一系列办学成绩。他指出，中马共建太极学院符合习近平总书记提出的"一带一路"战略，具有重大意义。他讲到，邯郸学院按照"科学化传承、国际化传播、社会化弘扬、专业化发展"的战略定位，全力推进太极拳与太极文化的传承与弘扬，在中国首家建立太极文化学院，是全国首家招收太极拳方向本科生的高校。为弘扬太极文化，使中华优秀传统文化走出去，已成功在俄罗斯、白俄罗斯、蒙古建立了海外太极学院。他表示，中马人民都热爱中华文化，热爱太极拳与太极文化，相信中马共建的太极学院一定能够建设好，并大有作为。杨金廷书记最后诚邀在座嘉宾，各位同学到邯郸学院访问交流。

　　马来西亚森美兰精武体育会会长、马来西亚准拿督张金发先生在致辞中对从邯郸来的朋友表示热烈欢迎和诚挚问候，与大家分享了自己对古都邯郸的印象，阐释了"一带一路"战略对全球化的当下世界的政治、经济、文化以及中马民间交流互动等领域的重大意义。他以二十四节气列入世界文化遗产，且早已融入马来西亚国人的生活为例，着重谈了太极拳与太极文化对人们思想的影响极其在人们工作生活中的作用。他讲到，最早统一中国的秦始皇有一半血统是邯郸人，这表明邯郸是一座历史悠久、人杰地灵的福地。同时，邯郸是太极之乡，太极思想具有深厚的哲学意味，及独特的精神内涵与风貌。马来西亚有马来人、华人、印度人，然而各族群都有很多人喜爱习练太极，弘扬太极文化不仅对中马友好，而且一定能为促进马来西亚国民的团结进步、实现国家的和谐繁荣做出贡献。最后他期待马来西亚太极学院在中马共建的过程中越来越好，根深叶茂。世界中华文化研究会总会创会主席拿督斯里陈荣立局绅、马来西亚首相政治秘书王乃志都做了精彩发言，对在马来西亚共建太极学院、弘扬太极文化给予了充分肯定和热切希望。马来西亚华文报《东方日报》《中国报》等媒体对此次签约揭牌仪式进行了跟踪报道。

中马共建马来西亚太极学院，是邯郸学院使太极走出去的又一大成果，对弘扬太极文化，传承太极精神，推动太极拳与太极文化引领的健康生活方式在马来西亚落地生根，实现中华民族文化符号"太极拳"实现融入世界、造福人类的梦想。

二十八、马计斌校长出席国家汉办中医、太极"走出去"对外交流座谈会并发言

12月9日，国家汉办在昆明召开了中医、太极等中华文化对外交流座谈会。教育部副部长郝平等领导出席，教育部体育卫生与艺术教育司、国家体育总局、国家中医药管理局、有关省（区、市）教育厅（委）、全国30余所中医药和体育院校、部分孔子学院中方承办院校及北京同仁堂集团等有关单位参加会议，我校作为特邀单位参会并作典型发言。座谈会由国家汉办党委书记马箭飞主持。

马计斌校长代表邯郸学院出席本次座谈会，作了题为"太极拳走出去助力中国梦——邯郸学院推进太极文化专业实践汇报"的发言。他从"弘扬太极拳国术价值，担当起走出去神圣职责；确立太极文化特色强校发展战略，夯实走出去基础；期盼国家制定强有力的政策，推进太极拳走出去"三方面向与会领导介绍了我校在探索太极拳引进来、走出去的主要工作和下一步弘扬太极文化的想法。他指出，邯郸市是太极之乡，邯郸学院是邯郸市唯一一所地方本科院校，对弘扬发展太极拳、太极文化有义不容辞的责任，邯郸学院对推广太极拳、传播太极文化非常重视，确立了太极文化特色强校的发展战略。并汇报了我校与国家汉办、武管中心、国际台合作传播太极拳、在国外共建太极学院以及筹建中国太极文化大学的工作情况。他强调，虽然邯郸学院在传播太极文化方面做了一些工作，但与此同时，也深深感到身单力薄，渴望教育部、国家汉办鼎力支持，能像发展孔子学院一样发展太极学院，使孔子学院和太极学院一文一武，并驾齐

驱，比翼双飞。

教育部副部长郝平在总结讲话时，对我校弘扬太极文化工作给予了充分肯定和高度评价。他说："邯郸学院所处邯郸市经济并不发达，其又是一所地方院校，几年前听说他们要让太极走出去，没想到通过几年的努力，他们真的把太极弘扬了出去，使人很震惊、很敬佩。他们开拓进取，工作很认真，精神很执着，也取得了很大成绩。要保护好他们这种积极性，教育部体卫司和国家汉办要研究相关支持政策。"

郝平副部长指出，本次座谈会是按照习近平总书记有关指示和刘延东副总理的倡导召开的。党的十八大以来，以习近平同志为核心的党中央高度重视中医、太极等中华文化对外交流工作。中医、太极文化是中华民族的瑰宝，也是全人类的共同财富。要切实增强使命感和责任感，积极统筹协调各方资源，推动中医、太极等中华文化走出国门、传播普及。郝平副部长对今后弘扬太极和中医提出四点意见：一是要支持各国孔子学院开设更多中华文化课程，推动所在大学开设相关专业、举办更多社区推广活动。二是要大力度发展开设中医、太极等中华文化特色孔子学院，充分发挥示范引领作用。要面向来华留学生大力开展中医、太极等中华文化教学和推广，加大奖学金支持力度。三是要加强中华文化国际推广师资培养、培训和派出力度，研发翻译出版更多语种教学资源。四是要切实加强组织领导，建立健全体制机制，广泛动员政府、学校、组织、企业等各方面力量，共同努力做好这项工作。

通过参加本次座谈会，我校向教育部、国家汉办领导汇报了在弘扬传播太极文化方面的工作情况和存在的困难，深刻体会到国家对传承弘扬中医、太极等中华优秀文化高度重视已上升为国家战略，可以说弘扬中华优秀传统文化的又一个春天到了。

二十九、杨式太极拳名家高晓柏来我校交流访问

2017年1月24日，杨式太极拳第五代传人、武技道功夫体系创始人高晓柏先生来邯郸学院进行太极文化交流。马计斌校长接见了来访客人，外事办董己辰主任，太极文化学院李建设副书记陪同会见。

座谈期间，马计斌校长首先介绍了邯郸学院近年来开展太极文化专业建设的一些情况。马校长指出，太极拳作为中国武术的一种流派，多年来一直在社会流传，真正将太极拳作为一个专业进行高校传承的只有邯郸学院。自从2010年邯郸学院太极文化学院成立，2011年开始招收第一批专业学生，至今已经培养了300多名专业太极拳人才。传承弘扬太极文化是邯郸学院的历史责任，邯郸学院为弘扬太极拳与太极文化提出"四化方针"，并积极开展与国内外相关机构院所的合作交流，建设海外太极学院。如今，邯郸学院已经与俄罗斯、马来西亚、蒙古等国家的高校联合共建了四所海外太极文化学院，邯郸学院太极拳专业就业前景广阔。今后，邯郸学院在推广太极拳与太极文化时，将更加注重国际化与社会化结合，力争将太极拳教育做大、做强、做精，做出品牌与效益。

高晓柏老师也介绍了他对太极拳的认识和理解。他说，目前练习太极拳的人大概分为三大群体：一是专业院校出身，着重体育竞技比赛，主要参与竞技套路比赛与表演，这个比例占到20%；二是中老年人为了健身养生长寿，多数都是半路开始学习的，这个比例占到70%；三是传统太极拳学习，为了传承传统文化，知理、知象、知用，从技击实用角度开始系统学习、强化记忆，增强养生功能训练，这个比例占到10%。由此可见，太极拳与养生的关系密切。太极拳本身是一门拳术，是用来技击格斗的，甚至是生死对决的。但是随着时代发展、社会进步和健身养生的需求，太极拳已经融入了道法自然、天人合一的养生理念。可以说，太极拳深得中国传统医学和易学内涵，代表着中国传统文化精髓。

他重点指出，邯郸学院能将太极文化作为一个专业学科来建设和发展，引导太极拳由长期以来的民间传播提升到了高校学科建设和专业化传承，可以说是太极拳发展的一个里程碑。同时他对邯郸学院太极拳文化的发展提出了很好的思路与建议，他表示愿为邯郸学院太极拳文化的更好发展出力献策，贡献力量。

最后，马计斌校长代表邯郸学院向高晓柏老师颁发了《邯郸学院客座教授》聘书。

三十、太极名家苏建平一行来邯郸学院交流访问

3月17日，太极名家苏建平先生在《武魂·太极》杂志副主编谢永广先生的陪同下，来邯郸学院就双方共同线上、线下合作，实现太极文化国际推广事宜进行了交流洽谈。

邯郸学院校长马计斌亲切接见了来访客人，党委常委邢保良陪同会见。党政办、对外文化交流中心、太极文化学院、艺术学院、信息工程学院、夏青传媒学院等相关院部处领导出席活动。

马计斌校长介绍了邯郸学院在传承推广太极文化过程中所积累的经验和所取得的成绩，与大家分享了邯郸学院今后利用互联网＋，实现线上、线下一体化传播太极文化的设想，并对下一步具体工作进行了安排部署。马计斌校长表示，线上、线下一体化的高端合作平台投入运行后，将会有效解决学生就业、海外太极学院教学、太极拳社会化传承等诸多问题。通过有目标、有平台、有举措，有分工与合作的运营，推动太极事业的繁荣发展。

苏建平先生重点与大家分享了自己对利用互联网传播推广太极拳教育、太极文化的理解和做法。他指出，邯郸学院太极文化学院是全球唯一一家拥有太极拳专业学历教育的高校，这种品牌与资质为双方的共赢合作打下了牢固根基。他讲到，线上线下同步发展，传播太极拳，太极文化、精神与思想，期待打造太极领域荣誉感强、参与度高的高端赛事，将平台利用到极致。苏建平先生表示，以太极为先锋，市场化运作底蕴深厚的邯郸文化，创作好的太极品牌故事，吸引社会各界加入传承太极文化的团队，将成为项目实施的重要推动力。

会议结束后，马计斌校长为苏建平先生颁发客座教授聘书，希望苏建平教授今后要大力支持邯郸学院太极事业发展。苏建平先生受聘后表示，一定不辜负马校长的期望，竭尽全力，为把中国太极推向世界，实现造福人类的宏伟目标贡献力量。

据悉，线上、线下一体化项目，旨在利用相关平台，推动其成为拥有全球影响力的时尚健身养生平台。

## 第四章　基地建设

一、我校获批为"广播孔子学院太极文化国际培训基地"

5月的北京，繁花似锦。2013年5月16日上午，"中国国际广播电台广播孔子学院邯郸学院太极文化国际培训基地"揭牌仪式在中国国际广播电台举行。

中国国际广播电台台长王庚年、副总编辑马博辉，邯郸市人民政府副市长侯华梅，我校党委书记杨金廷、校长马计斌、党委副书记董海林、纪委书记允殿魁、太极文化工委书记段玉铭等出席仪式。王庚年、侯华梅分别代表邯郸市人民政府和国际台致辞。

王庚年在致辞时表示，太极文化是中华文化的精髓，邯郸是太极文化的发祥地和传播者，近年来，国际台高度重视与邯郸学院的合作，在太极文化的国际传播方面取得了很好的成绩，希望双方进一步扩大合作项目和领域，拓展海外阵地，在各自优势的基础上实现互补和双赢，共同把中华文化、太极文化更好地推向世界。

侯华梅在致辞中对我校近年来弘扬传播太极文化，尤其是与国际台合作取得的成绩给予高度评价，强调中国国际广播电台是国家级主流媒体，具有国际化平台和独特的传播优势，太极文化国际培训基地的成立是国际台与邯郸学院开展太极文化外宣合作结出的硕果，是双方合作走向深入的良好平台，希望培训基地进一步把太极文化弘扬光大。

仪式上，王庚年、侯华梅、杨金廷、马计斌共同为基地揭牌，侯华梅代表邯郸市政府向国际台赠送了磁州窑出产的陶瓷纪念品。

当日下午，我校与国际台在国际台A303会议室举行了"2013年国际台—邯郸学院太极文化外宣合作专题研讨会"。国际台副总编辑马博辉、总编室、国际合作中心、数字广播中心等部门负责人，我校领导杨金廷、马计斌、董海林、允殿魁、段玉铭以及党政办公室、外事办、影视中心等相关部门负责人参加了会议。会上，双方领导就弘扬传播太极文化讲了重要意见，回顾了2012年各自落实《弘扬太极文化外宣战略合作框架协议》的一系列合作成果，重点就2013年具体外宣合作项目进行了交流和研究，达成了诸多共识。

在北京期间，校领导还拜访、会见了国家汉办党委书记、副主任马箭飞、中国中小企业协会会长李子彬、国家武管中心副主任陈国荣、中视金桥国际传媒集团董事长李惠民、人民日报社政治部副主任温红彦、人民日报《人民艺术》月刊主编李少波等有关单位负责人，与他们就弘扬传播太极文化、开展相关合作进行了深入探讨和交流。

二、我校与西班牙维戈大学签署合作共建太极学院意向书

6月16日早晨，杨氏太极拳第六代传人、我校客座教授付清泉先生、西班牙武协主席嘎古先生一行来我校考察访问，并为我校参加2014年全国"市长杯"武术太极拳比赛的代表队进行了指导、演示。

上午10:00，我校杨金廷书记、马计斌校长等校领导及相关部门负责人在接待室亲切会见了西班牙客人。双方就进一步加强在教育领域的合作与交流、弘扬和传播中国优秀传统文化进行了广泛的探讨和交流。经友好协商，我校与西班牙维戈大学决定建立推广太极拳文化战略合作关系，马计斌校长和西班牙武协主席嘎古先生代表双方签署了《中国邯郸学院—西班牙维戈大学关于合作共建太极学院的意向书》。

此意向书的签署标志着我校在海外高校建立第一所太极学院方面迈出了坚实的一步。

三、我校在河北省委党校建立太极拳培训基地

3月12日上午，"邯郸学院河北省委党校太极拳培训基地"揭牌和签约仪式在河北省委党校艺体中心广场隆重举行。我校校长马计斌、党委副书记董海林、原党委副书记段玉铭，省委党校常务副校长刘忠昌、副校长张平英等出席了仪式，我校对外文化交流中心主任董己辰、太极学院副院长马建华和省委党校40余名中层干部及部分教师代表参加了签约揭牌仪式。

揭牌仪式由省委党校秘书长岳俊辉主持,他对出席仪式的各位领导和嘉宾表示热烈的欢迎和衷心的感谢,并介绍了出席本次活动的领导和嘉宾。

马计斌校长代表邯郸学院在签约仪式上致辞。他说,本次与省委党校签署合作协议,是一件大好事,也是一件大喜事,双方的合作开拓了太极拳传承发展的新路径,开启了两校合作之路、友谊之路、共进之路。他详细介绍了我校的办学历史、办学规模、办学特色等基本概况和我校在太极文化传承方面取得的成绩。他表示我校将选派太极拳传人和高水平教师为党校师生传授太极拳技艺,使大家在党校提升理论水平和工作能力的同时,还能够强身健体,提高素质,为党和人民多做贡献,做更大的贡献。他希望借助党校这个平台,使太极拳和太极文化这块中华民族的瑰宝,能够为更多的人所熟悉、所亲近、所传播,从而使它焕发出更强劲的生命力!

张平英副校长代表省委党校致辞。首先他代表省委党校,对马计斌校长和各位领导的到来表示热烈的欢迎,对我校在省委党校建立太极拳培训基地表示感谢,他说,邯郸学院河北省委党校太极拳培训基地的建立,是两校开展太极文化合作的硕果,对推动我省太极拳和太极文化的传承和发展,促进民族传统文化的创新与弘扬,必将产生重要作用和深远影响。

我校校长马计斌和省委党校常务副校长刘忠昌为"邯郸学院河北省委党校太极拳培训基地"揭牌。

我校党委副书记董海林和省委党校副校长张平英分别代表双方单位签

署《中共河北省委党校—邯郸学院关于太极拳文化进党校的合作协议》。

最后，邯郸学院向省委党校赠送了党委书记杨金廷主编的《赵国史话》、马计斌校长主编的建筑摄影作品选《凝固的旋律》等十余种百余册图书和杨式太极拳28式分解动作光盘20套。

此次协议的签署和揭牌，是我校太极拳文化进党校的良好开端，随后将陆续在其他省市党校建立太极拳培训基地。

四、邯郸学院太极文化协同创新中心成立

8月3日，邯郸学院太极文化协同创新中心成立大会在我校国际交流中心隆重举行。国家武术运动管理中心段位办主任康戈武先生及来自中国国际广播电台、上海体育学院、河南大学等协同单位的领导，邯郸学院党委书记杨金廷、校长马计斌、党委副书记董海林、副校长鲁书月、党委常委邢保良及相关部门负责人出席会议。

成立大会上，杨金廷书记结合高校改革的现状与趋势，围绕邯郸学院太极文化协同创新中心成立的背景、基础条件、战略构想、近期工作、前景展望与机制保障等内容，作了以"聚力协同创新　共创太极大业"为题的主题报告。杨金廷书记说，太极六大门派，邯郸独占其四。身处"太极之乡"的高等学府邯郸学院，自1990年起开始在全校推广太极拳，2010年成立全国高校首家太极文化学院，2011年，开始招收太极拳专业本科学生，实现了太极拳的科学化传承。杨金廷书记表示，太极拳以技击为根、健身为用、文化为魂，是具有普适性与普世价值的文化瑰宝，练习太极拳是快乐，也是幸福。

马计斌校长在致欢迎词时，重点向大家介绍了我校概况和我校在太极拳教育与太极文化传播领域所取得的成绩。马计斌校长说，"邯郸学院在百年办学历程与10年本科办学的探索中，走出了一条自己的内涵发展、特色发展之路。刘延东副总理在了解到我校建立海外太极学院，传播太极文化的思路后指示我们说，'要像孔子学院一样发展'，'可以先从俄罗斯做起'。如今，我校在孔子学院总部的支持下，向8个国家的孔子课堂派遣了60名太极拳专任教师和志愿者。"马计斌校长表示，成立太极文化协同创新中心为我校和各协同单位创造了发展机遇，搭建了良好的交流平台。

国家武术运动管理中心段位办主任康戈武先生在讲话中，结合武术及太极拳的发展，强调"协同创新"的重要意义，他说，真正大的创新都是靠协同合作来实现的。康戈武主任祝愿邯郸学院太极文化协同创新中心凭借其强大的团队力量和资源优势，努力为太极拳文化、人类文明做出越来越多的贡献。

上海体育学院武术学院院长戴国斌结合中西方哲学思想，从文化与健康的角度阐释了太极拳的内涵；河南大学历史文化学院院长、黄河文明传承与现代转型协同创新中心执行主任苗书梅女士在发言中介绍了河南大学

协同创新中心的工作经验,并期待河南大学与邯郸学院在地方文化领域开展合作。

本次会议主持人董海林副书记在总结会议时说:"经过近二十年的积累,邯郸学院在太极文化建设方面具备了较好的人才基础、学科基础和科研基础,有了各协同单位加盟,我们更加坚定了将太极瑰宝融入世界、造福人类的信心和勇气。"

本次会议通过了《太极文化协同创新中心章程》及相关管理文件;举行了隆重的签约仪式和邯郸学院太极文化协同创新中心揭牌仪式。此外,上海体育学院武术学院戴国斌院长、邱丕相教授为祝贺中心成立,赠送了墨宝"大道无垠"。

五、中国国际广播电台台长王庚年来我校考察广播孔子学院太极文化国际培训基地建设情况

9月5日下午,中国国际广播电台台长王庚年和国家武管中心段位制办公室主任康戈武一行来我校考察"国际台广播孔子学院太极文化国际培训基地"和"中国武术协会邯郸学院段位考试点"建设情况,并在我校国际交流中心隆重举行了"中国武术协会邯郸学院段位考试点"挂牌和太极文化协同创新签约仪式。

中国国际广播电台台长王庚年、纪检组组长胡邦胜,国家武管中心段位制办公室主任康戈武,邯郸市副市长武金良,我校领导马计斌、王志勇、董海林、吴长增、赵新生、鲁书月、娄存江、允殿魁、邢保良、王虎平、段玉铭出席,我校各院系部、各职能处室负责人和师生代表参加。

挂牌仪式由我校党委副书记董海林主持,他代表邯郸学院广大师生对出席仪式的领导、嘉宾表示热烈的欢迎和衷心的感谢,并介绍了出席本次活动的领导和嘉宾。

邯郸市副市长武金良在会上致辞。他代表邯郸市委、市政府，对王庚年台长和各位领导的到来表示热烈的欢迎，并对本次挂牌和签约仪式表示热烈的祝贺。他说："太极文化国际培训基地的成立是国际台与邯郸学院开展太极文化合作和协同创新结出的硕果，是双方合作走向深入的良好平台，对推动我市太极拳和太极文化的传承与发展、促进民族传统文化的创新与弘扬，必将产生重要作用和深远影响。"他希望邯郸学院和国际台、中国武术协会的合作更加深入，进一步促进武术、太极拳运动的普及和提高，并表示邯郸市委、市政府将高度重视，在机制、人才、资金、政策等方面给予大力支持。

校长马计斌汇报我校太极文化建设工作，强调了太极文化事业在我校整体工作中的重要地位，回顾了我校太极文化建设所取得的显著成绩。他表示，将认真落实与国际台已经议定的合作事项，下一步，在文化方面借力发展，为推动太极拳文化课堂走向世界，双方将进一步在蒙古国广播孔子学院挂牌邯郸学院太极文化课堂，并将陆续在已建成的13所广播孔子学院挂牌，加快中华文化特别是太极拳文化"走出去"。

国际台纪检组组长胡邦胜在会上讲话。他指出，国际台与邯郸学院在太极拳师资外派、太极拳培训、主题夏令营等领域合作都有所突破，邯郸学院两位太极拳教师先后赴巴基斯坦和蒙古国广播孔子学院任教，特别是

2012年5月，国家汉办主任许琳考察巴基斯坦广播孔子学院时，邯郸学院老师带领小学员表演的《八段锦》，得到了领导高度赞扬。胡邦胜表示，随着"国际台孔子课堂邯郸学院太极文化国际培训基地"正式成立，双方将会充分整合资源，开展更多的太极文化培训和交流活动。

王庚年、胡邦胜、武金良、马计斌为"国际台广播孔子学院邯郸学院太极文化国际培训基地"揭牌，康戈武、武金良、马计斌、曹淑霞为"中国武术协会邯郸学院段位考试点"揭牌。

中国国际广播电台纪检组组长胡邦胜和我校副校长鲁书月代表双方签署了《太极文化协同创新合作协议》。

各位领导和来宾观看了我校师生的太极拳表演和邯郸学院宣传片，与会人员还实地考察了基地和段位考试点的建设情况。

六、2014年10月23日，太极禅国际文化发展有限公司来太极文化学院考察

2014年10月23日，由李连杰先生、马云先生共同发起创办的太极禅国际文化发展公司的行政人事总监马宏、技术总监王占海、技术总监王淼来我校考察，并与太极文化学院洽谈2015毕业生就业相关事宜，太极文化学院为他们展示了传统杨式太极拳、传统武式太极拳、传统杨式太极剑、太极刀、武式太极刀以及推手等，并得到了好评，加强了太极文化学院的对外交流。

七、在武安市第一人民医院创建"太极拳健身康复研究与科学普及基地"

2016年12月30日上午,"太极拳健身康复研究与科学普及基地"挂牌仪式在武安第一医院举行。仪式由邯郸学院主办,武安市卫生局协办,邯郸学院太极文化学院和武安市第一人民医院承办。参会人员有来自邯郸学院、武安卫生局、武安市第一人民医院领导、学者、太极拳爱好者共计300余人。仪式由武安第一医院党委副书记、副院长郝中生先生主持。

会上,武安卫生局李温和局长,武安市第一人民医院郝保乾院长,我校原副书记、太极拳名家段玉铭先生,我校副校长赵新生教授依次讲话、致辞。

赵新生副校长介绍了邯郸学院的发展概况、特色文化建设、重点发展学科以及对太极拳与医学合作造福人类健康的期望,并指出要进一步加快合作步伐、明确任务、准确定位、谋划项目、制定规划、早见成效、早出成果。

随后,我校太极文化学院党总支副书记李建设和武安市第一人民医院院长郝保乾签署了学术合作协议。

之后,我校副校长赵新生向武安市第一人民医院副院长何利兵授予"太极拳健身康复研究与科学普及基地(首站武安)"的铜牌。

在授牌仪式之后,我校太极拳教师和与会太极名家、大师又进行了太极拳展演交流,展示了我校太极特色文化风采,得到了与会人员的一致好评。

精彩的表演过后,与会人员参观了武安第一人民医院的中医药博物馆、白求恩精神文化长廊、中医药文化长廊等。

在仪式中,我校领导和武安市第一人民医院就本次太极和医疗的合作达成高度一致,把太极拳和现代医疗科学进行深度结合,让太极拳走进社区、走进医院、走进寻常百姓家,真正实现健康中国的伟大战略。

## 第五章　员工风采

一、邯郸学院举行中层干部第二期太极拳培训班结业考核

为在全校中层干部中普及太极拳，更好地打造太极拳办学特色，继第一期太极拳培训班结业之后，2014年7月1日下午，邯郸学院中层干部第二期太极拳培训班在学校太极拳培训馆举行了结业考核。

结业考核由学校党委副书记王志勇主持。

校长马计斌等在校领导班子成员出席了结业考核仪式。董海林副书记任裁判长。段玉铭、郭振兴、常关成、田金龙、马建华等担任裁判员。

结业考核以4人或8人为一组，进行28式太极拳表演。学员表演认真，用心体悟，把太极拳的基本动作较为流畅地表现了出来，达到了初期培训的目的。

最后，校长马计斌讲话。他要求大家把太极拳作为一项终生事业，长期演练，坚持不辍，日积月累，必有好处。

参加此次考核的二期培训班48名学员中，有41名学员参加了结业考核，包括一期培训班延期结业的3名学员。

本次结业的学员于7月2日

早晨在邯郸学院心文化广场进行结业表演。

二、邯郸学院举行中层干部第二期太极拳培训班结业表演及颁发证书仪式

7月2日早,邯郸学院中层干部第二期太极拳培训班结业表演及颁发证书仪式在"心"文化广场举行。

校长马计斌等校领导班子成员出席了结业仪式。结业仪式由王志勇副书记主持。

按照结业表演及颁发证书仪式议程,第二期培训班的学员与第一期培训班学员一起,在卢建辉老师的带领下进行了太极拳现场演练。第三期培训班学员在现场观摩。

随后,董海林副书记宣读了中层干部第二期太极拳培训班结业学员名单和优秀学员名单,结业学员依次上台领取证书和学习用品。

马计斌校长发表讲话,他指出,二期培训班教练用心教授,悉心指导,认真负责。学员们也都非常珍惜来之不易的学习机会,学习态度端正,勤学苦练,确保了训练、工作两不误,取得了较好的成绩。马计斌校长还对培训班提出了新要求,强调指出,结业不代表学习的结束,希望学员们继续加强练习,让太极拳这项有益身心的运动伴随一生。

最后,校领导班子进行了28式太极拳表演和太极刀表演,段玉铭老

师表演了太极剑，郭振兴、常关成老师表演了太极刀。流畅、潇洒的招式赢得了大家的热烈掌声。表演结束后，校领导与第二期太极拳培训班结业学员合影留念。

据悉，本届培训班始终贯彻"严格管理、质量第一"的办班理念，达到结业考核要求的学员准予结业，达不到结业要求的学员延期结业。二期培训班共有学员48人，其中34人顺利结业，14人延期结业。另外还有一期培训班延期到二期结业的3名学员也顺利结业。

三、体育学院公共体育部教研室活动规范太极拳教学

2014年10月23号上午，体育学院公共体育部为丰富教研室活动及规范杨氏太极拳动作规格的教学，展现体育课堂教学效果，组织教师及太极文化学院实习学生进行太极拳练习。马建华副院长细心、带领大家规范了每一招一式，教师在练习过程中对每一动作理解进行讨论，通过举行这次活动规范了课堂教学，同时也为推广、普及太极文化奠定了良好的基础，无疑是很大的成功。

四、我校举行中层干部第三期太极拳培训班结业式

经过几个月的集体训练和自学，2014年10月23日下午，我校中层干部第三期太极拳培训班结业式在逸夫广场举行。在邯郸的校领导马计斌、王志勇、董海林、吴长增、王虎平出席了结业式。

校长马计斌在会上发表讲话。他首先对经过刻苦学习获得结业证书的学员表示热烈祝贺。在简要回顾我校近年来太极文化建设取得的可喜成绩和丰硕成果之后，马计斌指出，打造太极特色，是我校配合国家文化强国战略和全民健身计划的具体举措，推广普及太极拳、人人会打太极拳，是学校党委、行政推进特色办学的重要决策和抓手。中层干部作为我校事业发展的骨干，在弘扬太极文化、打造办学特色中肩负着重要使命。第三期培训班开班以来，教练认真负责，耐心细致，悉心指导，广大学员遵守培训纪律，听从教练指挥，认真学习，刻苦训练，在较短时间内掌握了杨式28式太极拳的动作要领，初步领悟了太极文化的内涵和魅力。马计斌强调，结业不是终点，而是新的起点，考核合格的学员要继续坚持锻炼，不合格的学员要抓紧训练，争取早日合格；集中学习是普及，下一步要把重点放在提高上，进一步规范、细抠动作，精雕细琢；要向更高级别迈进，谋划学习太极91式等；要做好宣传，以自己的切身体会和感受，向周围的师生、向社会各界宣传太极拳，宣传太极文化，宣传我校太极办学特色。最后，马计斌祝愿大家在继续学习太极拳的过程中不断进步、不断提高。

在结业式上，学员分批次接受了专家评委的严格考核，大家认真演示杨式28式传统太极拳套路，规范到位的招式，舒展飘逸的动作，赢得了在场师生的阵阵掌声。

党委副书记王志勇同志宣布了合格学员名单和优秀学员名单。

随后，在场校领导为合格学员颁发了结业证书和学习资料，为优秀学员颁发了荣誉证书，并与大家合影留念。

### 五、我校举办太极拳第四期辅导员培训班

2014年11月17日，我校太极拳第四期辅导员培训班在心石广场举行了开班仪式，党委副书记王志勇、董海林、学工部部长宋继革、教学质量监控中心主任孙鹏、组织部副部长李玉成、体育学院副院长马建华出席开班仪式。学工部部长宋继革主持。

董海林副书记在开班仪式上发表讲话，对培训班学员提出了四点具体要求，一是要严格纪律，保证质量；二是要有恒心，有毅力；三是服从指挥，跟着教练认真习练；四是搞好生活，学校为大家定做了太极服装，提供了早餐保证营养。他要求大家把太极拳当成一项事业、一项文化、一门技术去做，充分领会太极文化的精髓与灵魂，通过习练太极拳提升境界，增进和谐。

体育学院副院长马建华代表太极拳培训班教练表态，感谢学校领导和全体学员的信任，珍惜和大家共同学习交流的机会，保证接下来的时间里认真教授，为学员们服好务。

### 六、我校举行太极拳第四期辅导员培训班结业仪式

2014年12月25日下午，我校太极拳第四期辅导员培训班结业仪式在逸夫楼太极馆举行，党委副书记王志勇、董海林、副校长王虎平、教学质量监控中心主任孙鹏、学工部部长宋继革、体育学院院长卢建辉、组织部副部长李玉成出席了结业仪式。我校原副校长

郭振兴、体育学院副院长马建华、太极拳教师常关成应邀作为评委对培训学员进行现场考核。

结业仪式由党委副书记王志勇主持。结业仪式上，34名学员培训分组展示了所学的28式太极拳，队列整齐，动作连贯，赢得了校领导及评委的充分肯定。

副校长王虎平宣读了考试合格名单。校领导向考试合格的学员颁发结业证书和学习资料，并集体合影留念。

党委副书记董海林作重要讲话。他说，推广普及太极拳是我校的办学特色，因此学校从上到下都高度重视此项工作。本期培训班是学员最年轻的，最充满活力的一期；也是组织最严密、考试最严格、训练最紧张的一期；更是唯一一次学员全部合格的培训班。校党委高度重视学生工作，而辅导员作为学生工作的一线人员，直接带领和引导学生，只有你们学好了，才能把学生带好，才能打造全校的太极特色。因此，培训班虽然结束，但大家习练太极拳的活动才是开始。为此，董海林提出了三点希望，一是坚持练习，二是巩固提高，三是提高品德修养。要通过练习太极拳，达到社会和谐，事业发达，家庭幸福。

最后，王志勇副书记宣布太极拳第四期辅导员培训班圆满结束。

七、我校举办太极拳第五期（团学干部）培训班

2015年4月3日上午，我校在心文化广场举办太极拳第五期（团学干部）培训班开班仪式。出席本次活动的领导有校长马计斌、党委副书记董海林、副校长王虎平、校工会主席张文芳、组织部副部长李玉成、体育学院副院长马建华、校团委书记崔志博。本次开班仪式由党委副书记董海林

主持。

在副校长王虎平宣布邯郸学院太极拳第五期（团学干部）培训班班长、副班长、各组组长名单后，培训班班长、信息工程学院团委书记丁万宁发言，他代表本次培训班全体成员感谢学校领导提供的这次宝贵机会并郑重承诺将严守纪律，勤奋习练太极拳。随后，培训班教练、体育学院副院长马建华讲话。

马计斌校长在开班仪式上发表重要讲话。他指出：打造太极特色，是邯郸学院的发展战略；推广普及太极拳是学校党委、行政推进特色办学的重要举措和有力抓手。团学干部在推广和弘扬太极文化中要起到率先垂范、带头引领的作用，他希望通过此次开班，让广大学员把太极健身培训内容消化吸收，加强习练。随后，马计斌以切身体会为学员们传达了太极拳强身健体方面的功效，关于太极拳的益处真是"谁练谁知道、谁打谁受益"。在热烈的掌声中，马计斌校长隆重宣布邯郸学院太极拳第五期（团学干部）培训班开班。

随后，马建华教练为学员们讲授了习练太极拳过程中需要注意的方面并传授杨式28式太极拳起势动作。

八、我校太极拳第六期教研室、实验室主任培训班圆满结束

2015年7月1日下午，我校太极拳第六期教研室、实验室主任培训班结业考核在逸夫广场举行。党委副书记王志勇、董海林，组织部、工会、教学质量监控中心负责人参加考核，段玉铭、常关成、郭振兴、刘文星等应邀担任评委，仪式由副校长赵新生主持。

此期培训人数是前几期班最多的。参训学员绝大多数是我校教学一线的骨干力量，大家克服家庭和工作的各种困难，在教练马建华的精心指导

下，历经 52 天的集中训练。参考学员分四组演练了太极拳 28 式，大家态度认真，精神抖擞，动作整齐划一，赢得了在场观众的阵阵掌声。经评委合议，副校长赵新生宣布 47 名学员考核合格，其中 20 人为优秀学员，13 人不合格。校领导向合格学员颁发了结业证书和学习资料，并与大家合影留念。

党委副书记董海林总结时强调，今天考核恰逢建党 94 周年，开展此项活动意义重大，是建设特色鲜明应用型大学的基础工程。训练虽然结束了，但演练要不断线，太极拳贵在坚持，养成终生习练习惯，方能修成"正果"。

# 第八篇　志愿之星

邯郸学院师生为了更好地弘扬发展太极特色文化，利用节假日走向社区、走向农村、走向社会开展社会实践活动，向广大群众进行太极拳与太极文化的宣讲与传播。太极文化小分队先后到了河北永年古城、临漳县、武安市、峰峰矿区及河南安阳等地的城市、乡村、学校、社区、厂矿企业进行有关太极文化的调研、宣讲、表演、教授等活动，使学生们的身心均得到了锻炼，也丰富了沿路广大群众的业余文化生活。

## 第一章　太极文化实践小分队进行"三下乡"社会实践

"三下乡"是指文化、科技、卫生"三下乡"。文化下乡包括图书、报刊下乡，送戏下乡，电影、电视下乡，开展群众性文化活动；而"太极文化三下乡实践活动"主要侧重于文化方面。一个酷暑的季节，一次难忘的经历，一份无闻的付出。在这骄阳烈似火的8月，太极文化学院社会实践小分队演绎着亲力亲为、乐于奉献给予的角色，唱出了心中真情豪迈的歌声，为这片灼热的土地浇灌了温情的甘霖，滋润一方，播下了太极的种子。

>>> 第八篇 志愿之星

伴随着暑假的到来，为响应校团委关于"大学生暑期社会实践锻炼"的号召，我校各学院拉开了"大学生暑期三下乡实践"的序幕，踏上了"太极文化三下乡"的旅程。服务队积极响应号召，在领队的组织领导下，认真准备了前期工作，并在实际的践行中将所学的理论知识与实际情况相结合，展现自我，奉献小我，一并取得了奉献与成长的双丰收。

**武式太极拳发祥地调研**

暑假社会实践活动日子早已远扬，回顾起来，至今仍历历在目，感触良深，在这次社会实践中不断经受锻炼，在短短的7天的日子里，其活动内容之丰富，场面之感人，百姓之热情，都让我们每个青年志愿者难以忘怀。为扎实做好三下乡的准备工作，在下乡之前将一切所能先行准备好的东西备齐，避免在下乡实践过程中出现状况，服务队在下乡之前一连开了几个会议，商讨有关下乡事宜，并在讨论中做出决策，落实每项工作。

**到木材厂宣讲太极文化**

这次活动主要在邯郸地区，邯郸市位于河北省南端，因邯山至此而尽得名，邯郸市是国务院批准具有地方立法权的"较大的市"和市区人口超百万的大城市，国家历史文化名城、中国优秀旅游城市、中国成语典故之都和中

**到峰峰农村宣讲传播**

205

中国梦·太极行 >>>

国散文之城、太极之乡，河北南部钢铁、纺织、电子基地。同时也是杨、武式太极拳的发源地，这次实践活动意义颇深。一套拳可以参透人生，让你看到生活朴素的本质。练拳，讲究的是心境，更多的是一种对拳的理解与赏析，一种心情，一种景致，似在峰云山涧，看天高云阔，听风声涛水，一套拳，几个知己，演练时内力早转化为层层鼓荡气韵，与周围气息相通，拳的意境就出来了。或是微雪清寒的夜晚，有客踏雪寻拳，融水煮茶，点到为止的推手，即使那时相对无言，舍外雪压寒枝，数点梅花映窗，又是另一种静思与拳道的意境。

走进农村

走到田间

好的拳就像很好的一种人生，在有限的生命旅程中，虽然没有发生惊天动地的故事，没能定格到刻骨铭心的镜头，只有平平淡淡、真真实实，但这份平实却令人回味隽永，透露出淡泊名利的心境来。

做人也要像练拳一样，坦诚质朴，却给人温暖，江湖中的套路之外，仍有铮骨气节，值得人们去感慨回味。我们正在经历的人生，不正像一套久远流传下来的太极拳吗？

人生满载而归时，择一处清境，斟一盏芳茗，站桩片刻，开

走进公园

始一套拳，在绷捋挤按的劲力中历练、翻腾，渐渐舒展，最后收于平静，与周遭万物打通经脉后，逐渐回复到平静真实的过程。

我想，这应该就是人们常说的技能臻于极致就是道了吧，达于道者，一举一动无不是技艺之巅。一个简单的动作就能轻松地把一个人生难题化为简洁的极致，让来参与太极的人超脱世俗，进入洁心净身的境界。

走进学校

人的一生，曲折往复，犹如这一套拳，无声舒展，淡然收尾，沉稳，清境，待到收势那一刻，是生命的滋味，亦是拳的原味。

而从这次下乡的整个过程来看，还是要感谢每一个吃苦耐劳、不怕辛苦、甘于奉献的可爱的队员。一个人不论能力有多大，或

走上街头

者没有能力，在能力这个问题上是可以培养的；反过来，如果他没有爱心，没有奉献的精神，能力再好再强哪怕也无济于事。因此，我觉得所有参与各种形式下乡服务的同学都是善良的天使，他们没有天使的翅膀，但他们有天使般的心灵，显得高尚又弥足珍贵。同时，在一个活动中的领导、组织、安排与落实等每个环节上，也是活动能够顺利进行的保证。在这里特别要感谢我们的领队李恩杰和副队熊金鹏，从组织到带领再到安排与融合等工作中，付出了好多，工作能够有条不紊顺利进行离不开他们的努力。而我们各个成员在"太极文化三下乡实践活动"中能够团结一致，互帮互助，勇于奉献，甘于付出，这样的精神也是任何一切都无法比拟的。我们在实践中付出，我们也在实践中形成了亲密的兄弟姐妹关系，收

获了友谊，收获了成长。可以说，这次三下乡活动是具有深远实际的意义的。

## 第二章 校园太极文化走向社会

一、邯郸学院太极拳文化走进邯郸市第三中学

2016年3月23日下午，邯郸学院太极文化学院教师焦志波、周薇娜带领学生走进邯郸市第三中学初中部进行了太极拳宣传活动。我院学生先后向三中学生展示了武术基本功、传统杨式太极拳、传统武式太极拳等项目。

**太极拳表演**

随后，我院学生带领同学们体验太极拳的螺旋缠绕、刚柔并济、开合鼓荡，讲授太极拳的传承与发展。此次活动希望越来越多的年轻人加入到习练太极拳的队伍中，回归到热爱我们传统文化的浪潮中，做我们文化的传承者和弘扬着。

二、太极拳走进中国最美乡村——河北馆陶·粮画小镇

**传授太极拳**

2016年4月22日，我院武极韵表演队，在校社会科学教学部葛宏冰主任的带领下，来到了粮画小镇进行社会实践。

粮画小镇是"全国十大美丽乡村"之一，位于古都邯郸市馆陶县。淳朴的乡情、恬然和谐的人文环境、加上小镇浓浓的艺术气息、扎实的历史

沉淀以及深厚的文化底蕴，使小镇培育出了一批又一批粮画艺术大师。

实践活动中，我院武极韵社团为在场的所有人，带来了精彩的太极拳表演，并受到了在场村民的热烈欢呼和在场领导的高度称赞。

馆陶县第一书记表示：我们的美丽乡村，要美在环境，美在粮艺，更要美在文化！今天我们有幸邀请到邯郸太极文化学院的武极韵表演队，让我们充分体验了高雅的文化，你们的表演十分精彩，不愧参演过省级春晚，感谢你们带来的精彩表演。你们是传统文化的继承者，希望你们要以太极拳为载体，担当起传播中国文化的重任！也希望你们能在学习工作之余常来小镇做客，教授我们太极拳！

武极韵社长张扬说：太极拳是邯郸的特有文化，也是邯郸学院的特色专业，很荣幸能作为传播太极拳文化的使者，也很荣幸今天能来到美丽乡村——粮画小镇，这里风景优美，粮画艺术更美！在短短两年间，小镇因粮画艺术旧貌换新颜。以后有机会我会带同学们常来做客，吃吃农家饭，看看粮艺展，再打打太极。最后，祝粮画小镇名扬四海，村民生活健康幸福！

此次活动，响应了国家大力发展社会体育的政策方针，也为我院太极拳专业的学生提供了很好的实践平台，扩大了我院太极拳专业的宣传力度，同时也对武极韵社团的成长和发展起到了推波助澜的作用。

# 第九篇　创新之路

我院毕业生就业工作将结合学校关于毕业生就业工作的相关要求和精神，积极推进改革，加强管理，健全服务体系，优化人力资源配置，以大学生职业生涯辅导为工作起点，以提高大学生就业指导水平、拓展毕业生就业市场为工作重点，以理念创新、制度创新、方法创新为工作动力，采取有效措施，进一步转变毕业生的就业观念，建立市场导向、院系推荐、学生与用人单位双向选择的就业机制，努力实现毕业生的充分就业。

针对当代大学生的特点，把对毕业生的就业教育、创业教育、毕业教育作为加强思想政治教育的重要内容。通过就业教育，引导学生树立报效祖国、志在四方的理想信念，树立正确的择业观，增强毕业生到基层、到艰苦地方就业的主动性和责任感；通过创业教育，帮助毕业生了解创业政策，训练创业技能，增强创业意识和创业能力；通过毕业教育，使学生受到一次终生难忘的世界观、人生观教育。

在就业形势日益严峻的形势下，太极学院为使大学生能够顺利就业，特做出以下措施。

一、开展毕业教育和就业指导工作

（一）贴近学生实际做好思想教育工作

由于学生的就业压力越来越大，导致有些出现自负、自卑等一系列心理障碍和疾病，对毕业生的顺利就业产生不同程度的阻碍。因此，学院对学生加强了就业思想指导，设有学生心理健康专门记录簿，对个别学生建立了较详细的心理健康档案，旨在帮助学生正确处理个人与社会的关系，从而树立正确择业标准。定期开展学生择业心理辅导，帮助学生完成从学校到职场的转变。培养学生的自信心，指导学生正确对待挫折。

（二）以多种形式开展毕业生的就业指导工作

在认真组织毕业生参加学校的就业讲座之余，结合我系专业特色，我系将开展一系列就业讲座，从学生的就业心理、就业策略及面试技巧等为学生提供多方位的服务。在现有条件的基础上，多组织毕业生参加一些社会实践，多接触社会，了解就业需求。

2016年，学院成立了以院长田金龙为组长、党总支副书记李建设、副院长刘文星为副组长，实习实训教研室主任韩新海担任毕业生就业工作联络员的就业工作领导小组。明确院长和书记为学院就业工作的第一责任人，层层落实责任，保证工作及时有效。学院全体师生全力以赴、全员参与，深入落实，重点做好就业困难毕业生的工作，工作措施要深入细致，把毕业生就业工作作为事关学院发展大局、事关学生切身利益和成长发展的大事来抓。

二、完善毕业生服务配套工作

（一）建立就业领导工作小组，由田金龙任组长，李建设、刘文星任副组长，韩新海任办公室主任、各班辅导员任小组成员。

（二）对毕业生资源信息材料进行采集、修改和校对，对其基本情况进行分析、汇总。

（三）通过各种渠道收集就业信息，在我院网站上开设"就业指导专栏"，及时发布各类信息，做到信息互通。

（四）了解每个毕业生的需要，有针对性地开展就业指导和服务，尽量满足毕业生的就业愿望。

（五）积极参加其他院校相关专业及各地大型毕业生供需见面会，了解用人单位需求信息，向用人单位宣传、推荐我院毕业生。

（六）调动全体教职员工收集就业信息、寻找就业机会。

（七）方便快捷地为毕业生办理各种就业手续，做好毕业生报到证及《就业协议书》签章的初审工作。

（八）深入细致做好困难学生就业帮扶工作。学院高度重视"就业困难、家庭经济困难学生、女毕业生"等群体的就业问题，通过单独咨询等形式，缓解学生的就业心理压力，给予一对一的求职技巧辅导，积极向学校寻求帮助，适时向用人单位推荐就业。针对学校发放的就业困难补助，做到专款专用，帮助学生更好地开展就业工作。学院组织已经考取研究生的学生为同学们广泛搜集并及时发布有关就业信息，确保将每条就业信息准确无误地传达给每一位需要就业的同学。

（九）加强信息化建设。一是做好毕业生生源信息、就业信息的采集、校对、统计、分析工作，加强就业工作信息化建设。二是按照省教育厅的要求，认真做好毕业生基本信息的统计与上报、信息发布、校内招聘、协议书签订、违约处理、就业情况、毕业派遣等工作，确保就业工作高效运转。

（十）认真抓好就业安置工作过程的稳定安全工作。就业外联人员在保证自己人身安全的前提下对招聘单位的资质进行严格审核，辅导员要对毕业生进行就业安全教育和提醒，加强毕业生的跟踪管理，全体就业工作者要增强工作责任感，认真履行岗位职责，确保我们的就业工作在安全的形势下进行。

三、组织开展丰富多彩的第二课堂活动

太极文化学院高度重视学生创新精神和实践能力的培养，采取有力措施，通过丰富多彩的活动内容及形式，吸引众多学生参与课外实践活动与科技文化活动，营造了良好的育人氛围并极大地调动了学生学习的积极性。为提高学生的综合素质、实践能力、创新意识和创业能力起到了积极作用。我院的"第二课堂"活动将紧紧围绕校学工部、校团委关于加强"第二课堂"活动文件的精神，通过"第二课堂"活动，促进学风建设，营造学术氛围，提高学生的创新精神和实践能力，努力形成富有我院特色的校园文化，全面促进大学生成长成才。

## （一）加强校园文化活动建设

结合专业特色，制定学期校园文化活动的计划，以系级活动为龙头，带动班级乃至校级活动的开展。同时要使校园文化活动在时间和内容上做到全面覆盖，做到"月月有活动、期期有质量"，努力形成多层次、全方位的特色鲜明、主题色彩突出的校园文化格局。积极组织学生参与大学生课外科技文化活动，提高学生动手动脑能力，加强学生实验创新能力的培养。对参加省级以上（含省级）各种竞赛并获得奖励，或在省级刊物上发表论文与作品，要根据获奖等级、研究水平等给予一定的奖励。要按照"受教育、长才干、做贡献"的宗旨，不断完善大学生社会实践活动体系，继续认真组织好大学生社会实践活动，不断提高大学生的综合素质。做好寒假社会实践活动和暑期"三下乡"活动，在落实开展以前，做好充分调研和准备工作，要精心设计活动方案，确保活动有实效。要认真解决好第一课堂与第二课堂的矛盾。一方面，引导学生要有意识地把课堂教学内容向课外延伸，要在学生社会实践报告、课外社会实践活动方案制定等环节中始终贯穿第一课堂的教学内容；另一方面，在开展校园文化活动时，要树立校园文化活动是教学活动的延伸、校园文化活动是教学活动的有益补充观念，紧密结合教学内容安排组织活动，努力做到第一课堂与第二课堂的完美结合。

## （二）加强学生社团组织建设

要充分重视社团组织在校园文化活动建设中的作用，努力构建具有一定导向作用、覆盖面广、组织规范、富有特色的社团组织体系，使学生的个性和创造性得到充分展示。社团的组建与活动要突出群众性和专业特点，以扩大学生参与的广泛性。鼓励具有实际工作经验的教师深入学生社团担任顾问和指导老师，为学生社团工作提供具体的指导和帮助。社团应制定详细的工作计划和完善的规章制度，有计划地培养新成员，保持队伍的相对稳定。

## （三）"第二课堂"氛围日益浓厚

为拓展学生视野，培养学生创新实践能力，我院先后举办了"太极推手擂台赛、第十三届国际太极拳选拔赛、首届邯郸高校太极拳邀请赛、邯郸学院第二届太极拳大赛"等多项赛事交流活动。多年来，坚持开展了社团活动月等特色品牌活动，受到学生的一致欢迎。

（四）完善青年志愿者服务体系，提高青年志愿者活动质量

我院青年志愿者是由各班热爱集体、关心他人、热心公益事业和社会劳动具有一定技能的优秀学生组成。要切实提高青年志愿者的素质，提高自身修养，认真组织，积极围绕公益劳动、美化环境、文化活动、社区服务等方面开展活动。不断拓展青年志愿者活动的渠道和空间，积极开展健康向上、丰富多彩的青年志愿者活动。

（五）积极引导学生积累社会经验

我院本着"走出去"的教学方针，促进学院与校外各界的交流与合作。为了开拓学生视线，使学生的目光不止局限于学校，在保证学生自身安全的前提下让学生走出去。期间我院学生在荷兰教育代表团来我校访问交流、邯郸市启乐小镇好声音海选现场以及邢台市桥西区首届大峡谷杯毽球邀请赛等各项活动中参加武术、太极拳、太极器械表演。

四、组织开展协同育人协同就业模式

太极拳已经酝酿了一个很大的市场，存在着很大的就业空间，现在需要的是太极文化行业转变观念，创新更适应市场需求的经营项目与经营模式，完成向现代太极拳健身服务企业的转型。从太极文化社会需求出发，发挥高校太极文化学科专业建设在太极文化科学研究与人才培养上的引领作用，结合太极文化企业社会资源、实践经验上的优势，通过校企合作协同创新、协同育人、协同创业，推动高校太极文化专业与太极文化企业双方的转型发展，实现太极文化企业突破性发展，打通太极文化专业学生就业渠道。

（一）工作目标

打造邯郸学院太极文化学院的学科专业建设和太极文化企业经营实践的合作基础，形成校企协同创新、协同育人、协同就业的合作机制，创新太极拳与太极文化的传承方式，促进人才培养模式转型发展，创新太极文

化企业经营理念、经营项目、经营模式，促进合作企业转型发展，吸纳适应现代太极文化企业需求的人才，建立太极拳专业学生稳定的就业秩序。

（二）工作思路

1. 协调观念，服务第一

太极文化事业是高校太极文化专业建设与太极文化行业企业发展的共同基础，满足国内外民众对太极拳文化功能、健身功能、休闲娱乐功能的现实需求是高校太极文化专业建设与太极文化行业企业发展的共同前提。高校太极文化学科专业建设为太极文化行业企业发展服务，太极文化行业企业发展为社会民众服务，这是校企双方合作发展的必由之路。高校太极文化专业发展要转型，太极文化行业企业发展也要转型，树立服务第一、互利共赢的理念，是双方合作互信的关键。

太极文化学院要以服务企业的态度积极与企业沟通，在理念上协调，在项目上合作，转变门派观念，树立大太极拳观，增强现代健身服务意识，形成联动机制，带动太极文化事业与太极文化企业共同发展。

2. 协同育人，创新第一

太极拳群众基础好、市场大，但太极文化市场发展还不成熟。太极拳馆、太极养生馆、健身馆很多，但成功的经营模式还没有建立起来。太极文化企业人才需求很大，但在如何在现代社会现状下用人还在探索之中。经营理念、经营项目、经营方式的落后是太极文化企业发展困局的主要原因，其中企业太极拳和太极文化基础研究、应用研究能力的不足，缺少科学研究、科学创新和创新人才的支撑是太极文化企业发展的最大瓶颈。培养适应现代社会发展需求的太极文化专门人才是太极文化专业和太极文化企业的共同的任务核心。双方可以发挥各自优势，创新培养模式，共同培养现代企业所需要的专门人才。

（三）协同就业，实践第一

太极文化专业学生的就业是太极文化学院稳定办学的突破口，也是企业转型发展稳定用人的突破口。如果不能创新就业模式，双方都会进入发展瓶颈。创新就业模式的最好方式是校企双方共同创业。高校利用高校太极文化专业的科研成果和育人成果在合作企业开展经营实践，助力企业转型发展。以点带面，引领太极文化行业发展。

1. 太极文化学院联合太极文化企业成立太极文化校企合作发展研究基地，以项目为引领，合作培养现代太极文化人才。

2. 太极文化校企合作发展研究基地与邯郸学院太极文化协同创新中心建立合作关系，以项目为引领，开展太极拳与太极文化的基础研究和应用研究，支撑太极文化专业和太极文化企业转型发展。

3. 以合作企业为主体，以太极文化创新成果和现代太极文化人才为支撑开展转型经营实践。合作第一年建成2—3个试验点，之后稳步推进建成8—10个试验点，形成稳定的合作经营模式。

（四）协同育人协同就业工作的开展

1. 筹建太极文化校企合作发展研究基地

太极文化学院与天津正源太极文化有限公司、江苏常州龙舞健身有限公司、河南正阳太极文化公司、邯郸源聚太极文化传播有限公司签署了太极文化校企发展研究合作框架协议，在邯郸学院太极文化学院成立太极文化校企合作发展研究基地，在合作企业建立实习实训创业就业基地。

2. 校企合作项目进展

与合作单位在实习就业、人才培养、合作经营、项目开发等方面都开展了合作。目前，已经在合作单位建立了4个实习实训就业基地，2015、2016年两届21名实习生在实习基地实习，5人签署就业协议，3人达成就业意向正在进行就业考核。

根据企业具体的用人要求，双方合作以实训方式对学生进行岗前培训。两年举办4期实训班，实训60多人次。太极文化学院正在与相关企业探索深化人才培养、就业的合作模式，与成都一家太极文化公司沟通订单式人才培养模式，与邯郸一家太极文化公司起草了联合办学协议书，在招生就业、实习实训等方面达成初步意向。

与江苏一家企业达成合作经营意向，与江苏扬州、海南琼海、广西南宁三家单位达成非学历教育、推广培训合作意向。

为适应不同人群对太极拳和太极文化的不同需求，与企业合作在少儿太极拳套路、少儿推手、太极拳养生功法等方面进行研发，初步形成了5个经营项目。

（五）太极拳运动科学研究

对太极拳运动特征、运动规律、核心文化、养生机理、技击应用等方面的研究决定着对太极拳本质的认识与把握，同时也决定着太极拳、太极文化市场项目开发能否形成突破。学院借助太极文化协同创新中心研究平台，结合学科建设与专业教学，逐步开展学术研究、科学研究。

目前结合课程建设启动了五本太极文化高校教材的编写，通过教材编写，推动太极拳技术标准、理论体系、教学体系、训练方式的建立。围绕太极拳文化主体建设和人才培养申报获批了1项省级社科课题、1项国家社科课题。与体育学院共同筹建了运动生物力学实验室，在相关师资等客观条件初步具备的情况下，推动太极拳运动科学研究深入一步。

五、太极文化学院就业与发展

（一）就业情况简介

太极文化学院目前有两届毕业生，即2015届和2016届。学院分别对毕业生就业情况进行了调查统计（统计结果见下表1、表2），结果显示太极拳专业学生的就业岗位主要分为以下几大类：1.考研；2.参军；3.教师；4.教练；5.与所学专业无关工作；6.自主创业。

表1：2015届太极拳专业学生就业情况统计表（n=59）

| 职业 | 教师 | 拳馆或健身教练 | 自主创业 | 其他职业 |
| --- | --- | --- | --- | --- |
| 人数 | 22 | 4 | 3 | 30 |
| 百分比 | 36.67% | 6.67% | 5% | 51.66% |

表2：2016届太极拳专业学生就业情况统计表（n=58）

| 序号 | 职业类型 | 人数 | 比例% | 备注 |
| --- | --- | --- | --- | --- |
| 1 | 考研 | 3 | 5.17 | |
| 2 | 参军 | 2 | 3.45 | |
| 3 | 学校 | 6 | 10.34 | |
| 4 | 文化公司 | 36 | 62.07 | |
| 5 | 机关 | 5 | 8.62 | |
| 6 | 无 | 6 | 10.34 | |
| | 合计 | 58 | 100% | |

邯郸学院太极文化学院也属于师范类专业院系，不仅在教师基本技能方面掌握的很熟练，而且自身专业也有其特色性，通过考取教师资格证和教师招聘考试，就可以正式成为一名人民教师，因此当一名中小学教师是完全可以胜任的。不管是个人倾向还是家长建议择业，教师都是很理想、很受人尊敬的职业，所以从事教师这个职业的人数还是很多的。

一些喜欢太极拳推广或者喜欢健身行业的学生选择在拳馆和健身房工作，不过从业人数很少，比例不足百分之十；高质量就业学生人数更少；选择自主创业的学生比例最少，毕竟创业相比其他工作难度稍大。

（二）就业工作基本措施与服务

1. 高度重视，全力以赴做好毕业生就业工作机制

2016年，学院成立了以院长田金龙为组长、学院党总支副书记李建设为副组长的就业领导小组，学院实习实训教研室主任韩新海担任毕业生就业工作联络员。明确院长和书记为学院就业工作的第一责任人，层层落实责任，保证工作及时有效。学院全体师生全力以赴、全员参与，深入落实，重点做好就业困难毕业生的工作，工作措施要深入细致，把毕业生就业工作作为事关学院发展大局、事关学生切身利益和成长发展的大事来抓。

2. 关注思想动态，积极动员精心部署

学院就业领导小组组织毕业生召开了全体毕业生就业思想动态座谈

会，深入了解学生就业思想走向，为学生进一步理清就业发展方向，并对毕业生工作进行了详细的调研与安排。毕业前夕，党总支副书记及辅导员韩新海多次深入学生宿舍，开展就业咨询及辅导工作。

3. 深入细致，做好困难学生就业帮扶工作

学院高度重视"就业困难、家庭经济困难学生"等群体的就业问题，通过单独咨询等形式，缓解学生的就业心理压力，给予一对一的求职技巧辅导，积极向学校寻求帮助，适时向用人单位推荐就业。针对学校发放的就业困难补助，做到专款专用，帮助学生更好地开展就业工作。学院组织已经考取研究生的学生为同学们广泛搜集并及时发布有关就业信息，确保每条就业信息准确无误地传达给每一位需要就业的同学。

4. 创造条件，做好2016届考研学生后勤保障工作

为了给考研的同学创造良好的学习环境，学院积极与学校联系，在有限的办公条件下，准备了本科生自习室和假期复习生住宿，用于考研的同学集中复习，也便于同学们有问题时可以和老师们交流。

5. 开展"师兄师姐来帮忙"活动主动联系往届毕业生，寻求就业信息，利用QQ群、微信群等网络平台提供在校学生与往届毕业生的沟通联系，由往届毕业生发布所在单位及所在地区的相关就业信息。针对学生就业较为集中的单位，努力争取用人单位来我校继续招聘学生。

学生就业多数为学校、健身培训或教育培训机构。由于当前就业单位对本科教育的重视，受到生源来源结构的影响，为提高研究生就业质量，学院重视研究生的人才培养工作，不断提高培养质量，帮助学生顺利就业。

相信在全体师生的共同努力下，我院的人才培养质量会越来越高，毕业生也将越来越受到用人单位的欢迎。

六、创新创业

为贯彻落实《教育部关于举办第三届中国"互联网＋"大学生创新创业大赛的通知》（教高函〔2017〕4号），进一步激发高校大学生创新创业热情，展示我省高校创新创业教育成果，深入推进我省高校创新创业教育

改革工作。根据要求，邯郸学院下发相关任务，要求各二级学院在规定时间内按照"大赛"要求积极参与本次"大赛"。太极文化学院应要求规定承接6项创新创业项目，为圆满完成学校既定任务，太极文化学院领导进行了深入研究和规划，成立了以田金龙院长为组长、李建设副书记为副组长、学院全体教师参与的创新创业工作组。

学院共组织了十个项目参加学校的"第三届中国'互联网+'大学生创新创业大赛"，其中由李建设教授、徐伟龙副教授所指导的两个项目均获得大赛一等奖。

# 后　记

　　《中国梦·太极行》一书收集了邯郸学院校园太极文化发展的主要经历与成果，在编撰过程中得到了学校各部门领导和师生的支持与帮助，尤其得到了太极文化学院全体教师的积极参与，在此一并表示感谢。

　　目前，邯郸学院校园太极文化已发展推广到了包括蒙古、白俄罗斯、马来西亚、俄罗斯、巴基斯坦、美国、加拿大等国在内的多个国家和地区。并与其中四个国家合作建立了太极文化学院，邯郸学院校园太极文化在学校领导和全体师生的共同关注和努力下，将会做得更大更强。